Sigmund Kripp
Hören, was die Jungen sagen

Sigmund Kripp

Hören, was die Jungen sagen

Begegnungen im Jugendzentrum

Kösel-Verlag München

CIP-Kurztitelaufnahme der Deutschen Bibliothek

Kripp, Sigmund:
Hören, was die Jungen sagen : Begegnungen im Jugendzentrum / Sigmund Kripp. – München : Kösel, 1984.
ISBN 3-466-30267-6

Gesamtherstellung: Kösel, Kempten
Umschlaggestaltung: Günther Oberhauser, München, unter Verwendung eines Fotos von Kurt Mimmler, Innsbruck
ISBN 3-466-30267-6

Inhalt

Einleitung

Unter den Jugendhausbesuchern ist eine heftige Diskussion ausgebrochen: soll das Haus für den geplanten Elternabend tipptopp aufpoliert oder aber den Eltern ein realistischer Alltagseindruck vermittelt werden? Die Realisten setzten sich durch und fielen abends auf die Nase. Die Diskussion drehte sich nicht um das angesetzte Thema »Sommerfreizeit«, wobei es darum gegangen wäre, noch die Mitfahrerlaubnis für einige Mädchen zu erreichen: die Diskussion drehte sich um Dreck, Sauerei, Verwahrlosung, »da kann man ja seine Kinder nicht hingehen lassen«, »alles voll Ausländer«, Angst, »das ist ja noch viel schlimmer als die umgehenden Gerüchte«, und »dafür haben wir unsere Steuergelder investiert?« – Wenn es in der Menge nicht ein paar resolute Eltern gegeben hätte, die im Jugendhaus schon für »Rocker« und Türken gekocht hatten und nun feststellten, daß es nach einer »Hocketse« (Straßenfest) am Kirchplatz auch nicht anders aussehe und im Jugendhaus eben täglich »Hocketse« sei – die Mädchen hätten nicht an der Freizeit teilnehmen dürfen. – Für manche Eltern war es der erste Besuch in einem Jugendhaus. Ihr Schock war groß. Ähnlich einer sowjetischen Lehrergruppe, die kurze Zeit vorher das Haus besucht hatte, stellten sie immer wieder die Frage: ja dürfen denn die Jugendlichen hier alles? Kennen die denn keine Ordnung? – Oder: kein Wunder, daß mein Kind sich so verändert hat, seitdem es ins Jugendhaus geht! Was machen die denn da den ganzen Tag? Und die laute Musik! (Ich muß ja zugeben, daß mein Gehör auch schon disko-geschädigt ist; in der Jugendhausarbeit wirkt sich das vorteilhaft aus – man ist weniger lärmempfindlich.) Ärgernis erregten Sprüche und Plakate an den Wänden, gutgeheißen wurden hauptsächlich die Werkstätten, die sportlichen Aktivitäten, die Thekendienste, also all das, was man vom bürgerlichen Vereinsleben her kannte. Sonst rief das Haus in den Augen vieler Eltern eher Assoziationen mit Puff und Haschischhöhle hervor.

Möchte vielleicht auch Ihre Tochter, Ihr Junge ins Jugendhaus? Verschiedene Kollegen an der Fachhochschule für Sozialwesen, an der also Sozialpädagogen auch für die Arbeit in Jugendhäusern ausgebildet werden, haben mir schon versichert, daß sie ihre Kinder nicht in ein Jugendhaus gehen ließen. Die Idee widerspräche ihren Erziehungsvorstellungen.

Das vorliegende Buch wirft mehr pädagogische Fragen auf als es Antworten gibt. Pädagogik gehört nicht zu jenen »exakt« genannten Wissenschaften, die mittels wiederholbarer Experimente die Gültigkeit von Lehrsätzen belegen. Erziehung kennt nicht einmal einheitliche Ziele, geschweige denn Methoden, die eine Erfolgskontrolle ermöglichten. Ich verstehe Erziehung als einen Prozeß, der sich zwischen allen Beteiligten abwickelt, sich aus der Interaktion der Beteiligten ergibt. Erziehung, so wie ich sie befürworte, bedeutet gegenseitige Hilfe im Menschwerdungsprozeß.

Damit lege ich mich auf ein bestimmtes Menschenbild fest, das von der Würde auch des jungen Menschen ausgeht, ihn als eigenverantwortliches Subjekt respektiert. Meine Erziehungsvorstellungen sind also nicht in erster Linie auf Anpassung ausgerichtet, auch wenn diese oft in Kauf genommen werden muß. Diese Erziehung ist ein partnerschaftlicher Prozeß, in dem alle von allen lernen, der also oft im Gegensatz zum Handeln des Staates steht, der häufig seine Jungen lieber knebelt statt ihnen zuzuhören, wenn sie ihm widersprechen. Selbst die Zeichen der Wand weiß er nicht zu lesen – nur abzuwaschen.

Partnerschaft erfordert Dialog. Deshalb möchte ich nicht Patentrezepte anbieten, sondern Einblick in das Denken und Handeln von Jugendlichen, indem ich nicht nur über sie rede, sondern sie selbst ausführlich zu Wort kommen lasse. Wer ihnen zuhört, wird sich in ihrem Denken auch als Erwachsener oft wiederentdecken: Erziehungsprobleme gründen ja keineswegs nur im auch vorhandenen Generationenkonflikt, sondern haben ihre Ursache viel öfter noch in Interessenskonflikten politischer, ökonomischer und gesellschaftlicher Gruppen, die jung und alt umfassen. Erziehung ist demnach vor allem ein politischer Prozeß, der aber in unserer Gesellschaft noch gerne verschleiert wird. Es läßt sich in Familie, Schule, Heim, Ausbildungsstätte, Kirche und Kaserne leichter regieren, wenn Erziehung individualisiert wird, weil dadurch der Erziehung die

Aufgabe zudiktiert werden kann, mittels Einzelbehandlung gesellschaftlich verursachte Schäden zu mildern. So erwacht der Anspruch nach der Veränderung des einzelnen, der von der notwendigen Veränderung der Gesellschaft und ihrer Institutionen ablenkt.
In einem ersten Teil möchte ich nun am Beispiel Jugendhaus auf gesellschaftlich bedingte Hintergründe aufmerksam machen, die Einfluß auf die Entwicklung von Jugendlichen haben. Anhand dieses Beispiels soll auch aufgezeigt werden, daß Erziehung keine Privatangelegenheit im Schoße der Familie ist und dort auch nur begrenzt stattfindet. Um so mehr ist es Aufgabe der Eltern, ihren Einfluß über die Familie hinaus auf die Gesellschaft auszudehnen. Es sind auch nicht böse Jugendliche, die brave Kinder verführen, sondern gesellschaftliche Rahmenbedingungen, die Benachteiligungen verursachen und Eliten fördern. Persönliche Schuldzuweisung ist ein allzu bequemer Weg, ungerechte Strukturen aufrechtzuerhalten. – Ich leugne nicht die persönliche Freiheit, doch ist die des Lastenträgers im Vergleich zu der des Playboys doch sehr beschränkt. Proportional dazu auch die persönliche Schuldfähigkeit. Klassen, Kultur- und Volkszugehörigkeit spielen bei Erziehungsvorstellungen eine wichtige Rolle, ebenso wie manche sich wandelnde Werte. Ich werde versuchen, dies am Beispiel sich wandelnden Sexualverhaltens im Milieu von Jugendhäusern aufzuzeigen.
In einem zweiten, längeren Teil kommen dann Jugendliche selbst zu Wort; sie werden aus ihrem Leben erzählen. Dazu werde ich einen Leseschlüssel anbieten und einzelne Abschnitte kurz kommentieren. Im zweiten Abschnitt soll also manches konkretisiert werden, was im ersten Abschnitt noch abstrakt geblieben ist. Vor allem soll aber auch das Prozeßhafte in der persönlichen Entwicklung aufgezeigt werden.
Die Auswahl der Berichte ist nicht systematisch erfolgt, doch liegen ihr einige Kriterien, die aber in ihren Konturen unscharf bleiben, zugrunde.
1. Alle Erzähler waren Besucher von Jugendhäusern, mit Ausnahme des Gesprächspartners von Erwin Sandles Besucher des Jugendhauses in Fellbach.
2. Die Besucherstruktur des Jugendhauses in Fellbach ist heterogen

und in ihrer Zusammensetzung immer wieder einem Wandel unterworfen. Bei allem Wandel ist das Haus aber auch ein Treffpunkt für Jugendliche, die mit der Gesellschaft in Konflikt leben, geblieben. Die Erzähler repräsentieren durch ihre Person diese Konflikte: Ausländerfeindlichkeit, Kriminalisierung, Gewalt, Drogenkonsum usw. Ihre Erzählungen sind also typisch für Jugendliche, die unter ähnlichen gesellschaftlichen Bedingungen aufwachsen.

3. Als Kriterium für die Auswahl der Probleme diente in etwa ihr Stellenwert im Alltag des Jugendhauses. Ein Jugendhaus mit anderer Besucherstruktur hat andere Alltagsprobleme. Allgemein ist aber zu beobachten, daß Jugendhäuser zunehmend von Jugendlichen, die durch unsere Gesellschaftsordnung benachteiligt werden, frequentiert sind. (Dies erklärt natürlich auch, warum Jugendliche aus privilegierteren Schichten sich dort nicht unbedingt wohl fühlen oder ihre Eltern ihnen den Jugendhausbesuch gar verbieten.)

4. Aus Platzgründen konnte eine Reihe von relevanten Fragenkomplexen nicht aufgegriffen werden. Dazu zählen zum Beispiel die Lebensbedingungen von Ausländern und die Benachteiligungen von Mädchen.

5. Schließlich wurde die Auswahl auch von erzählungswilligen und ausdrucksfähigen Jugendlichen mitbestimmt.

Diese Kriterien taugen natürlich nicht zu repräsentativ abgesicherten Aussagen. Solche zu treffen ist aber auch gar nicht das Ziel des Buches. Es geht vielmehr darum, grundsätzliches Verständnis für gesellschaftlich bedingte sozialpädagogische Probleme zu wecken. Ich gehe deshalb in den Kommentaren auch nicht auf die Frage ein, was heute und morgen im unmittelbaren Interesse der Jungen unter den nun einmal gegebenen Umständen kurzfristig getan werden kann. Für die Schilderung der kurzfristigen erzieherischen Aufgaben wäre ein eigenes Buch notwendig. Diesmal soll nur zum Hören, was die Jungen sagen, angeleitet werden.

I. Teil

Jugendhäuser

Jugendzentren, Freizeitstätten, Bildungshäuser, Teestuben, Häuser der offenen Tür, Kommunikationszentren, autonome Kulturzentren: selbstverwaltet von Jugendlichen, mitverwaltet, in Trägerschaft von Gemeinden, Kirchen oder Vereinen, mit Sozialarbeitern, Erziehern, Zivildienstleistenden und Praktikanten bestückt oder auch nur von ehrenamtlichen Mitarbeitern getragen, Jugendtreffs, die aus einem oder aus fünfzig Räumen bestehen, in Dörfern und in Großstädten – alle diese Einrichtungen können unter den schillernden Begriff »Jugendhaus« fallen. Gemeinsam ist diesen Orten der Charakter des Freizeittreffs. Jugendliche, oft auch Erwachsene, können sich dort unverbindlich oder zu gemeinsamen Projekten treffen, Angebote annehmen oder gar nicht beachten, sich engagieren oder auch nur konsumieren. Im einzelnen sind die konzeptionellen Unterschiede erheblich, läßt sich ein »Stuttgarter Jugendhaus« mit dem »Eschhaus« in Duisburg nicht vergleichen. Wegen ihres zwanglosen Angebotcharakters definiert man in professionellen Kreisen solche Freizeittreffs als einen Teil der offenen Jugendarbeit in Abgrenzung zur zielorientierten Verbandsarbeit. Mitglieder von Verbänden und Vereinen gehen meist verbindliche Verpflichtungen ein. Vereine und Verbände gelten bei Erwachsenen und Gemeindepolitikern im allgemeinen als seriös und förderungswürdig. Dafür klagen sie oft über Nachwuchsmangel.

In die Schlagzeilen geraten sind in der Vergangenheit hauptsächlich selbstverwaltete Jugendtreffs und Jugendhäuser, die zu Treffs sogenannter »sozial schwacher« Gruppen geworden sind. (Sozial schwach nennt man die Gruppen, die unsere Gesellschaft zum

Vorteil »sozial starker« Gruppen besonders belastet und die selbst oft sehr straffe soziale Normen entwickeln. Zutreffender wäre es, die Reichen sozial schwach, ja asozial zu nennen.)

Selbstverwaltete Jugendzentren entstanden als eigene Bewegungen Ende der sechziger Jahre. Sie waren politisch motiviert, oft von Jusos initiiert, hatten einen basisdemokratisch orientierten Ansatz. Jugendzentrumsinitiativen führten oft jahrelange Kämpfe mit Gemeindeverwaltungen um geeignete Räume, einen geringen Zuschuß. Bekamen sie endlich Räume zugestanden, lagen diese nicht selten in zum Abbruch bestimmten Häusern. Von Anfang an beargwöhnten viele Bürger die politische Richtung dieser Initiativen, die als kommunistische Kaderschmieden verleumdet wurden: ein wirksames Ausrandungsetikett, das sich vorzüglich zur Diffamierung anders denkender Gruppen eignet (und wie man weiß auch der Friedensbewegung verpaßt wird, so sie im Westen aktiv ist). – Zu den Zielen der Initativen gehörte die Ausdehnung des Freiraumes für Jugendliche durch Selbstbestimmung, bedürfnisorientierte, nichtkommerzielle Freizeitangebote. Üblicher Konfliktpunkt bei der Abfassung von Nutzungsverträgen mit Gemeinden waren die Schließzeiten. Dabei ging und geht es zum einen um nächtliche Ruhestörung durch Moped- und Autolärm, Musik und einfach Palaver auf der Straße, zum anderen auch um Übernachtungsverbote. Beim Problem der Ruhestörung gibt es Meinungsverschiedenheiten über Toleranzgrenzen, in der Sache selbst ist man sich einig. Anders bei den Übernachtungen. Hier paßt der Öffentlichkeit die ganze Richtung nicht. – Jugendzentren wurden zu Zufluchtstätten ausgerissener Jugendlicher, von Mädchen und Jungen, die die elterliche Sperrstunde überzogen hatten und sich nicht mehr heimtrauten. Sie waren aber auch letzte Bleibe für Wohnungssuchende. Jugendzentren wollten also helfen, Not zu lindern, aber auch jenen Jugendlichen einen Freiraum bieten, die eingeengt durch Konventionen beispielsweise ihre Freundschaften nicht leben durften. Stadtkindern fehlen die Heuböden. – Basisdemokratisches Denken in Verbindung mit Sex ist und bleibt gesellschaftspolitischer Sprengstoff.

Setzten sich anfangs Jugendzentrumsinitiativen meist aus Schülern, vornehmlich Gymnasiasten, zusammen, fanden sich nach Eröffnung der Treffs oft Jugendliche aus allen Schichten ein. Hilfsarbeiter, Lehrlinge, Gastarbeiter, Sonderschüler, Kinder aus wohlhabenden Familien und aus Obdachlosensiedlungen, Analphabeten. Dieses buntgemischte Publikum hat Kommunikationsschwierigkeiten. Selbstverwaltungsstrukturen geraten durcheinander, weil Hilfsarbeiter in Gremien anders reden als Gymnasiasten. Sie handeln lieber als zu theoretisieren. Deutsche Gymnasiasten neigen in bester Tradition dazu, den Problemen bis auf den Grund nachzugehen, auch wenn die Fässer keinen Boden haben. So bleiben Arbeiter von Vollversammlungen fort, frequentieren das Haus, ohne in Entscheidungsprozesse eingebunden zu sein. Natürlich verstehen sie dann diese auch nicht und setzen sich über Beschlüsse hinweg, wenn sie nicht ihren Interessen entsprechen. Der Freiraum, den niemand einschränken möchte, füllt sich mit Konflikten – auch handgreiflichen.

Die Krise spitzt sich noch zu, wenn Rocker, Punker, Skinheads das Jugendhaus als Treffpunkt wählen. Diese von der Gesellschaft ausgerandeten Gruppen können Initiativgruppen vor Zerreißproben stellen. Disziplinär und ideologisch. – Stammbesucher beginnen wegzubleiben, weil sie sich nicht mehr wohlfühlen, sich politische Arbeit nicht als derart konkrete Knochenarbeit vorgestellt haben. So übernehmen »Rocker« schon mal einen Treff, funktionieren ihn zu ihrem Stammsitz um.

Ausläufer der Drogenszene gibt es praktisch in jedem Jugendhaus, wie auch in jeder Schule. Zuweilen etabliert sich auch die harte Szene, ohne daß es gleich bemerkt wird. Jugendzentrumsinitiativen können sich dadurch überfordert fühlen. Zum Etikett der linken Kaderschmiede fügt die Öffentlichkeit das der Brutstätte von Kriminellen hinzu. Beim Friseur, im Rathaus und am Kirchplatz wird jetzt von Drogenhöhle, Drogenumschlagplatz und Diebestreff gemunkelt.

Entgegen ihren ursprünglichen Vorstellungen hat manche Initiative in dieser Lage ein Stück Selbstverwaltungsanspruch aufgegeben, sich um die Anstellung von Sozialarbeitern bemüht, die sie bis dahin abgelehnt hatte. Doch nun stellt sich heraus, daß auch professionelle

Sozialpädagogik keine Rezepte anbieten kann, um gesellschaftlich bedingte Ursachen von Gewalt, Ausländerhaß, Drogenkonsum, Unterdrückung, Arbeitslosigkeit, die sich im Jugendhaus nur manifestieren aber nicht erzeugt werden, zu beheben. Ein Jugendhaus spiegelt nur die gesellschaftliche Situation wider, macht versteckte Not nur einfach dadurch massiv sichtbar, daß es zum Treffpunkt von gesellschaftsgeschädigten Jugendlichen wird. Es wird zur Eiterbeule am Leib der Gesellschaft, weil im Freiraum des Jugendhauses das aufbrechen kann, was unter der Hornhaut »Disziplin« in der Schule, am Arbeitsplatz und in so mancher Familie verborgen gehalten wird. – Die Öffentlichkeit aber kann ihren Eiter nicht ansehen, verlangt nach Ordnung, daß heißt nach Ausschluß benachteiligter Jugendlicher vom Jugendhaus, oder ruft nach der Schließung des Zentrums, weil sie dieses am Verhalten der Jugendlichen schuldig spricht, zum Sündenbock erklärt. Eine Strafanstalt könnte sie akzeptieren, nicht jedoch ein Jugendhaus.
Die gesellschaftlichen Rahmenbedingungen konditionieren und bestimmen entscheidend das Leben und Verhalten der Jugendlichen in einem Staat. Diese Rahmenbedingungen können Erwachsene und meist mehr noch Jugendliche fördern oder aber auch überfordern und zerbrechen. Um zu überleben steigen Jugendliche dann aus Rahmenbedingungen (dem Staat) aus oder werden von diesen selbst ausgeschieden. Über Kriminalisierungsprozesse landen sie im Knast, der Kotecke der Gesellschaft.

Sozialpolitik und Erziehung

Wenn es stimmt, daß die gesellschaftlichen Rahmenbedingungen den Lebensverlauf von Jugendlichen weitgehend bestimmen, dann ist es klar, daß Erziehung, wie sie sich die Gesellschaft wünscht, in der Anpassung der Jungen an die vorgegebenen Bedingungen besteht. Alle Erziehungsmethoden, Strafe und Belohnung, Tadel und Anerkennung, Schulnoten und die Wertung von Erfolg und Mißerfolg sind Mittel zur Anpassung, werden selbst wieder von den gesellschaftlichen Bedingungen konditioniert. So fügen sich Schulreformen und Gegenreformen dem politischen Wind, dehnen oder drosseln Gesetze die bürgerlichen Freiheiten nach dem jeweiligen ideologisch-politischen Konzept der Regierenden, die wiederum weitgehend im Wechsel mit dem »gesunden Volksempfinden« den Trend bestimmen. – Wer also Erziehung beeinflussen will, wird versuchen müssen, die gesellschaftlichen Rahmenbedingungen zu beeinflussen, politisch aktiv zu werden. Natürlich sollen Eltern auch lernen, pädagogisch und psychologisch angemessen zu handeln, doch müssen sie wissen, daß ihre Pädagogik und Psychologie ständig Gefahr läuft, von ganz bestimmten Interessensvertretern vereinnahmt zu werden. – Ich möchte anhand einiger Beispiele verdeutlichen, was ich meine.

• Marktwirtschaftliche Gesichtspunkte fördern den Bau von Wohnsilos. Die Auswirkungen dieser Wohnform auf die dort lebenden Menschen sind bekannt und weltweit die gleichen. Die baubedingte Anonymität führt zu Aggressionen gegen Sachen, Gewalt gegen Menschen. Zerstörte Aufzüge, zertrümmerte Elektroanlagen, nächtliche Überfälle auf den Fluren sind die Folge.

Wohnbedingungen beeinflussen im positiven wie im negativen Sinne das Verhalten des Menschen, je nachdem, ob sie seinen Bedürfnissen entsprechen oder sie unterdrücken. Es kann nun nicht Ziel von Pädagogik sein, den Jugendlichen an ungünstige Wohnbedingungen anzupassen, bis er meint, sich dort wohlzufühlen. Das hieße, im Dienste von Baulöwen das hochhausfite deutsche Silokind pädagogisch zu produzieren.

Erziehung, die das Kind als Subjekt respektiert und nicht als Objekt mißbraucht, muß dieses zur Auflehnung gegen ausbeuterische Wohnbedingungen befähigen. Ökopolitische Fehler dürfen nicht durch Erziehung verschleiert und festzementiert werden. Sie müssen bekämpft werden. Zum Beispiel durch Bürgerinitiativen.

• Ein paar Jugendliche stehen im Foyer eines Jugendhauses. Sie unterhalten sich. Plötzlich wird der Windfang aufgerissen, ein achtzehnjähriger Junge stürmt herein, blickt kurz in die Runde, geht auf einen – wie sich nachher herausstellt, ihm völlig unbekannten – Jungen zu, schlägt ihm mit voller Wucht ins Gesicht. Das Opfer geht zu Boden, Blut rinnt aus seinem Mund. – Später rede ich mit dem

Täter. Das braucht viel Zeit. Er ist angetrunken. Dann beginnt er zu erzählen. Vor Monaten war er auf Suche nach Arbeit in diese Industriestadt gekommen. Arbeit hatte er gefunden, aber keine Wohnung. So lebte er in der Freizeit in Kneipen, im Jugendhaus und auf der Straße, nachts schlief er in seinem alten Auto. Inzwischen war es Winter geworden, die Kälte in seinem Auto ließ ihn kaum noch schlafen, seine Arbeitsfähigkeit sank entsprechend. Heute war er entlassen worden. Als er daraufhin seine Freundin besuchen wollte, wurde er von deren Vater, der ihn nicht leiden konnte, vor die Tür gesetzt. Zuerst griff er zur Flasche, dann machte er sich auf den Weg ins Jugendhaus und schlug dem Erstbesten mit den Worten »deine Fresse gefällt mir nicht« aufs Maul. – Der zusammengeschlagene Junge hätte Ihr Sohn sein können. Natürlich war das Opfer persönlich unschuldig. Aber auch der Schläger war mehr Opfer als Täter. – Erziehung kann und soll Belastbarkeit stärken, aber nicht, um die Gesellschaft ihrer Verantwortung gegenüber Benachteiligten, die sie selbst produziert, zu entheben. Beide Jungen wurden auf unterschiedliche Weise Opfer von Umständen, die Gewalt produzieren. Wer nicht hinnehmen will, daß Jugendliche zuschlagen, verletzen, darf auch die Ursachen der Gewalt nicht hinnehmen. Die Überforderung des schlagenden Jungen muß abgebaut werden. Vor allem benötigt er wieder Wohnung und Arbeit.
Die Reaktionen der Zuschauer des Vorfalles waren unterschiedlich. Die einen erklärten angewidert, sie würden nicht mehr ins Jugendhaus gehen, es verkomme immer mehr, würde nur noch von Gesindel und Proleten besucht. Andere starteten aufgrund dieses und ähnlicher Anlässe Aktionen, um in der Öffentlichkeit auf den Widerspruch zwischen leerstehenden Wohnungen und dem Elend Wohnungssuchender aufmerksam zu machen. Zelte wurden auf dem Hauptplatz errichtet, in Zusammenarbeit mit der lokalen Zeitung leere Häuser aufgespürt, Gemeinderäte mit Erfolg aufgefordert, sich des Problems anzunehmen. – Pädagogik darf sich von Politikern nicht prostituieren lassen, um die Notwendigkeit von gesellschaftlichen Veränderungen zu verschleiern.

• Arbeitslosigkeit wird momentan zum Abbau von Jugendschutzbestimmungen mißbraucht. Angeblich um mehr Lehrstellen zu schaffen, fordert man zum Beispiel die Wiedereinführung der Nachtarbeit für Bäckerlehrlinge. Dadurch wird es tatsächlich wünschenswert, weitere Lehrlinge einzustellen, weil nun Facharbeiter abgebaut werden können, was die Produktionskosten senkt. – Es wird auch immer noch versucht, arbeitslose Jugendliche an ihrer Arbeitslosigkeit schuldig zu sprechen. So wird ihnen vorgegaukelt, daß »jeder arbeitswillige und arbeitsfähige« Jugendliche eine Lehrstelle bekommen würde. Was schlicht gelogen ist, auch wenn es der Bundeskanzler sagt. – Wem all dies Gerede dient, kann man dem Wirtschaftsteil der Tageszeitungen entnehmen. Daraus geht hervor, daß 1982 das bisher gewinnträchtigste Jahr für die Großbanken war und daß sie 1983 noch besser abschließen werden. – Die Wut, die einem beim Lesen hochkommt, hilft gegen Resignation.

Jugendhäuser werden im »Kampf gegen die Arbeitslosigkeit« politisch mißbraucht, wenn man von ihnen verlangt, die Folgen der Arbeitslosigkeit zu retuschieren. Sie sollen bei Arbeitslosen Erfolgsgefühle, Selbstbewußtsein, Selbstbetätigung, kurzum alles, was nichtentfremdete Arbeit zur Verwirklichung des Menschseins beiträgt, durch Beschäftigung in der Freizeit erreichen. Dies zeugt von Menschenverachtung. Arbeit bekommt ihre Würde aus ihrem Sinn. Beschäftigung als Arbeitsersatz ist sinn-los, entwürdigend. Durch Beschäftigungsprogramme kann der sinnstiftende Zweck der Arbeit nicht erreicht werden. Deswegen werden Beschäftigungsprogramme von den Betroffenen auch nicht angenommen, was von der Öffentlichkeit dann wieder der Unfähigkeit der Sozialarbeiter oder der »Faulheit« der Jugendlichen in die Schuhe geschoben wird.

Arbeitslosigkeit könnte allerdings durch eine gerechte Verteilung der immer noch reichlich vorhandenen Arbeit und durch neue Bewertung der Arbeit minimalisiert werden. In diese Richtung sollten unser aller pädagogischen Anstrengungen laufen, in Verbindung mit einem sich verändernden Wertbewußtsein, das den Wert des Menschen nicht an bezahlter Arbeit mißt.

- Profitmaximierung ist ein Instrument der Kriminalisierung. Zum Kriminellen gemacht wird ein Jugendlicher, der aus physischen, psychischen oder auch gesellschaftlichen Gründen ein Gesetz, das ganz anderen als seinen Interessen dient, gar nicht einhalten kann, bei seiner Übertretung aber schuldig gesprochen und bestraft wird. Sieht man von Verstößen gegen das Betäubungsmittelgesetz ab, stammen straffällig gewordene Jugendliche zu einem hohen Prozentsatz aus sozial schlechter gestellten Schichten, haben häufig eine Heimkarriere hinter sich, sind unter gestörten Bezugsverhältnissen aufgewachsen, waren auf der Sonderschule, haben keinen Schulabschluß. Unsere Strafgesetze orientieren sich nicht an den Bedürfnissen benachteiligter Jugendlicher, sondern an den Bedürfnissen, Umgangsnormen und wirtschaftlichen Interessen der sogenannten Mittel- und Oberschicht. Wenn Obdachlose Wohnbau- und Mietgesetze machten, sähen diese anders aus als wenn sie die Interessenvertreter des Eigentums festschreiben. So kommt es, daß Eigentümer gegen Habenichtse verteidigt werden.

Von Kindern bis zum siebten Lebensjahr weiß man, daß sie die Geschwindigkeit von Autos nicht einschätzen können. Sie sind in ihrer physisch-psychischen Entwicklung noch nicht entsprechend fortgeschritten. Dem trägt die Straßenverkehrsordnung Rechnung. Gehen wir von der Straße in den Supermarkt oder ins Kaufhaus, sehen wir ein anderes Prinzip angewandt. Ein am Profit orientiertes Management vermindert das Personal, stellt die Ware nicht nur offen aus, sondern reiht sie nach psychologisch ausgetüftelten, die Kauflust fördernden Methoden auf. Erweist sich nun eine bargeldlose Vierzehnjährige dem Kaufhauspsychologen unterlegen und handelt so, wie er es von ihr erwartet, wird sie vom wieder eigens dafür geschulten Kaufhausdetektiv geschnappt und gegebenenfalls vor den Kadi geschleppt, nachdem der Detektiv ihr noch eine Fangprämie abgeknöpft hat. Statt die Ware wegzusperren, sperren wir lieber Jugendliche ein. – Orientierte man sich an der Situation der Jugendlichen und nicht in erster Linie am Profit, hieße dies, überflüssige Ware gar nicht erst produzieren, die Ware hinter Gitter geben, ein wenig mehr Personal einstellen, ein paar Tante-Emma-Läden mehr erhalten. Wer sein Auto unabgeschlossen auf der Straße parkt, begeht eine Ordnungswidrigkeit. Wie wäre es mit einer analogen Regelung für den Kaufhausmanager und seine Ware? –

Wir machen Jugendliche zu Kriminellen, indem wir sie überfordern. Die Methode hat System. Schon sollen in München erwischte Schwarzfahrer gleich beim ersten Mal registriert werden, um beim zweiten Mal bestraft zu werden. Durch Sparmaßnahmen, in diesem Falle durch das Einsparen des Schaffners, schaffen wir Kriminelle. – Die Schwelle der Überforderung wird an der Belastbarkeit der gesellschaftlich Bessergestellten gemessen. Ihre Interessen wahren diese wohl. So käme niemand auf die Idee, im Warenhaus dem Kunden nach der freien Wahl der Güter auch noch die Abrechnung zu überlassen. Diese Hürde schafften selbst die Wohlhabenden nicht. Oder könnten Sie sich eine Bank ohne Angestellte, mit von den Kunden selbst geführten Konten vorstellen? – Kaufhausdiebe sind asozial – so einfach ist das.

In ein Jugendhaus kommen massenweise durch gesellschaftliche Überforderungen kriminalisierte Jugendliche. Soll ein Jugendhausträger, sollen die Sozialarbeiter, sollen die Jugendlichen selbst sich schämen, daß es von ihnen frequentiert wird? (Wie sieht es mit Ihrem Kind aus? Lassen Sie es dort hingehen oder haben Sie Angst, daß es vom Proletenkind verführt wird?)

Politisch-pädagogische Aktivitäten von Eltern könnten sich auf die Anhebung des Strafmündigkeitsalters von 14 auf 18 Jahre ausrichten. So könnte die Stigmatisierung vieler Jugendlicher, die sie erst recht in eine kriminelle Karriere drängt, verhindert werden. Wenn Überforderungen nicht verhindert werden können, sollten sie wenigstens nicht zum kriminalisierenden Selbstläufer werden. (Es gibt genügend sozialpädagogische Instrumentarien, die ohne Ausrandung angewandt werden können.) Wer sucht sich heute schon unter den vielen sich bewerbenden Lehrlingen gerade den Vorbestraften aus? Zur Kriminalisierung kommt so noch die Arbeitslosigkeit, was zwangsläufig in Resignation oder Gewalt enden muß.

• Unter all den vielen Jugendhäusern, die ich kenne, ist keines in dem nicht vollhals geraucht würde, je nach Besucherstruktur auch von Kindern. Immer wieder regen sich erboste Eltern und auch Lehrer blitzblanker Schulen über diese Zustände in Jugendhäusern auf, über das lasche Gebaren von Sozialarbeitern, die den Nikotingenuß nicht abstellen, wozu sie doch laut Jugendschutzgesetz im

Rahmen der Aufsichtspflicht verpflichtet wären. Die Aufsichtspflicht und das Jugendschutzgesetzt sind natürlich 'ne ganz feine Sache. Erst sahnt der Staat beim Tabakumsatz tüchtig ab, sieht augenzwinkernd zu, wie Millionen in die Werbung für den blauen Dunst gesteckt werden und bundesweit 700000 Zigarettenautomaten auch in staatlichen Einrichtungen Hilfe zu Krebs- und Herztod spenden, um dann verantwortungsbewußt per Jugendschutzgesetz den unter Sechzehnjährigen das Rauchen zu verbieten.
Für die Einhaltung des Gesetzes werden flugs noch Eltern, Lehrer, Sozialarbeiter verantwortlich gemacht. Ohne mich. In so einem Falle fühle ich mich dann immer ganz als Priester, der geweiht wurde, nicht um Täter zu verfolgen, sondern um Sündern zu vergeben. – Ich habe Gemeinderäten auf Vorhaltungen hin schon erklärt, daß ich bei diesem Mißbrauch der Pädagogik durch wirtschaftliche Interessen nicht mitmache, erst in einer zigarettenautomatenfreien Stadt jedem Mädchen und Jungen die Zigarette aus dem Mund nehmen würde. – Ärgern Sie sich noch immer, daß Ihr Kind im Jugendhaus rauchen gelernt hat?

• Mit Alkoholgenuß verhält es sich ähnlich. Wieder schafft das Jugendschutzgesetz freie Bahn für Verkauf mit gutem Gewissen. So läßt sich in Weinstädten wie Fellbach den Besoffenen in Form eines Bacchusbrunnens ein Denkmal setzen, alljährlich feuchtfröhlich Erntedank feiern. Der »Fellbacher Herbst« ist Bestandteil des städtischen Kulturlebens geworden. Das Fest wird mit Steuermitteln gefördert, die Bürger sind damit einverstanden. Kritisiert werden höchstens Randprobleme, wie der Viertelespreis oder die zunehmende Zahl der Auswärtsbesucher, die den Eingeborenen im Festzelt den Platz streitig machen. An dieser Haltung ist grundsätzliche Kritik notwendig:

1. das Fest wird – auch anderswo – als Erntedankfest dargestellt. Diese Darstellung ist heuchlerisch. In Wirklichkeit ist es ein Fest, das den Alkoholkonsum aus Geschäftsgründen in bedenklicher Weise fördert. Zum Erntedank fehlt den meisten der Glaube an einen auf die Ernte einflußnehmenden Gott. Die sichert man lieber selber durch Kunstdünger, Spritzmittel, Beregnungs- und Frostschutzanlagen, Antihagelgranaten und Kunststoffnetze gegen Vögel, Drahtgit-

ter gegen Menschen. Was man Erntedankfest nennt, ist ein Wein-Verkaufsfest. Dabei gibt es in der Bundesrepublik ca 1,7 Millonen Alkoholabhängige und ihre Zahl nimmt ständig zu. Tausende sterben jährlich an den Folgen des Alkoholkonsums. Sie sterben im Straßenverkehr, umgebracht von Festheimkehrern, sie sterben an Leberzirrhose und an Delirium. Außerdem verstärkt Alkoholabhängigkeit soziale Probleme, führt zur Verelendung von Familien.
2. Weil diese Gefahren bekannt sind, man das Fest aber weiter feiern will, wurde 1982 im Festmotto zum Beispiel der Wein als Medizin gelobt, sofern man ihn mäßig genießt. Zwei Pfarrer gaben in der Sonderbeilage der Lokalzeitung konfessionell ausgewogenen Flankenschutz bei der Verkündigung des Mottos. Das Motto »Trinke mäßig den Wein, Medizin wird er sein« ist eine irreführende Heuchelei. Irreführend, weil Weingenuß, auch mäßiger, keineswegs immer gesundheitsfördernd ist; heuchlerisch, weil der, der Wein im Überfluß anbietet, natürlich auch erwartet, daß er in Überfluß genossen wird. Man kann ja schließlich nicht glaubwürdig maßvollen Weingenuß empfehlen und dann den Erfolg des Festes an der Zahl der verkauften Vierteles messen. Auch Opiate werden in der Medizin verwendet. Wer käme auf den Gedanken, ein Morphium- und Heroinfestival zu inszenieren, verbunden mit der Aufforderung, nur wenig davon zu konsumieren?
Wieder wird Pädagogik mißbraucht, wenn sie das Alibi für ständig steigende Alkoholproduktion liefern soll. Durch irgendwelche Kehlen muß dieser ja rinnen. Er fließt zunehmend auch durch junge Kehlen. Wieder wird deutlich, daß nicht ein Jugendhaus Ursache jugendlichen Alkoholkonsums ist, es jedoch selbstverständlich ist, daß die Probleme unserer Gesellschaft sich dort manifestieren, wenn es nicht durch die Auswahl gesellschaftlich bevorzugter Jugendlicher seine Aufgabe verfälschen soll. – Bei aller hier geäußerten Kritik darf aber nicht übersehen werden, daß Oberbürgermeister und Gemeinderat der Stadt Fellbach die offene Jugendarbeit weit über das konventionelle Maß hinaus fördern.

Klassenkonflikt im Jugendhaus

- Jugendhäuser werden oft schwerpunktmäßig zu Treffs von Jugendlichen aus bestimmten Schichten, bestimmten Klassen. So gibt es Jugendzentren, die von Gymnasiasten initiiert wurden, ein ihren Freizeit- und Bildungsbedürfnissen entsprechendes Programm und Angebot entwickelten und für viele Jahre Treffpunkt von Gymnasiasten bleiben. Natürlich treten dort auch all die Probleme auf, von denen heute Gymnasiasten betroffen sind:
- Die Besucher entwickeln vielleicht von den Vorstellungen der Eltern abweichende politische Ideen, in Richtung Friedensbewegung, Kriegsdienstverweigerung, Antikernkrafteinstellung. Wer so denkt, wird von einer gewissen Öffentlichkeit leicht in die kommunistische Ecke gestellt.
- Die Ansichten über Freundschaft, Ehe, Sexualität werden zum Stein des Anstoßes.
- Glaube, Religion, Kirche sind umstritten, oft gar nicht mehr aktuell.
- Freiheit und Eigenverantwortung werden höher geschätzt als Autorität, Ordnung, Disziplin, Gehorsam.
- Zu einem schwerwiegenden Problem kann der Konsum unterschiedlichster Drogen werden, der, wenn auch nicht letztlich durch den Freundeskreis im Jugendhaus verursacht, so doch durch ihn gefördert wird.
- Depressionen, Selbstmordversuche, schulischer Leistungsabfall ihrer Kinder bereiten Eltern oft schwere Sorgen.

Wenn Krisen der Gesellschaft (und das Drogenproblem ist zum Beispiel ein aus gesellschaftlichen Krisen mithervorgegangenes Problem) mit Lebenskrisen, wie sie in der Pubertät oder beim Wechsel von der Schule in den Beruf auftreten können, zusammenfallen, verstärken sie sich gegenseitig.

Alle genannten Beispiele haben trotz der Schwere des jeweiligen Problems noch einen Vorteil: sie sind entweder Probleme von Kindern aus oberen Schichten, oder treten in diesen Schichten bekannten Formen auf. Den Beteiligten sind sie daher im Prinzip vertraut, oft aus der eigenen Jugend.

• Völlige Ratlosigkeit kann bei schichtfremden Problemen entstehen. So erleben von Gymnasiasten initiierte Jugendzentrumsinitiativen immer wieder, daß nach der Durchsetzung ihres Projektes im Gemeinderat die erkämpften Räume von ihnen bisher völlig unbekannten Jugendlichen aus »sozialen Brennpunkten« entdeckt und aufgesucht werden. Über Nacht herrscht ein anderer Ton im Haus, werden Vollversammlungsbeschlüsse ignoriert, Auseinandersetzungen nicht mehr verbal sondern brachial ausgetragen. Parkende Mopeds werden als Ersatzteillager benützt, Motorradhelme, als Kopfschutz gedacht, müssen jetzt selbst vor schnellem fremden Zugriff geschützt werden. Angst breitet sich aus, Stammbesucher bleiben fort, die Thekendienste brechen zusammen, Arbeitskreise versickern, Sozialarbeiter fühlen schon mal ein Messer an ihrer Kehle. Es hagelt Anrufe entsetzter Eltern, Leserbriefe im Lokalteil der Zeitung, sie fordern ein braves Jugendhaus, für Randalierer seien die Zuwendungen aus Steuermitteln nicht gedacht. So kann es sein, daß sich nach einer schmerzhaften Übergangsphase, in der sich die Initiative mit ihren basisdemokratischen Prinzipien scheitern sieht, sie enerviert und enttäuscht das Haus verläßt, die »Asis« (Asozialen, wie sie sich selber nennen) Einzug halten. Der Treff bekommt eine andere Besucherstruktur, mit der sich auch die Freizeitbedürfnisse wandeln. Wer den ganzen Tag körperlich arbeitet, hat nur in den Köpfen von Theoretikern abends die ausgleichende Lust zur Diskussion. Müde und strapaziert von anstrengender Arbeit ist Entspannung, Unterhaltung gefragt. Man will sich für den nächsten Tag regenerieren. Nach der harten Woche soll es endlich eine Alternative zum bisher versoffenen Wochenende geben. Es soll im Jugendhaus was los sein. »Sozis« (Sozialarbeiter) werden ja dafür bezahlt, den Laden auf Trab zu halten; sie sollen auch für Ruhe und Ordnung sorgen, hauptsächlich wenn andere Randale machen. – Nachts wird ab und zu eingebrochen, die Diskoanlage oder das Videogerät geklaut. Hatte früher die Stadtverwaltung das Übernachten im Jugendhaus verboten, werden nun plötzlich Jugendhausschläfer gesucht, um Steuermittel zu sichern. So geht es vielleicht ein paar Jahre lang. Die Hauptamtlichen haben gekündigt, andere sind nachgekommen, ausgerichtet an der neuen

Situation. Vielleicht stammen sie selbst aus dem Arbeitermilieu, sind über Berufsausbildung und zweiten Bildungsweg zum Sozialarbeiterdiplom gekommen, können sich ins Milieu, aus dem sie stammen, hineinfühlen. So entwickeln sie ein entsprechendes Programm, gespickt mit Konsumangeboten, bei denen engagierten Jugendlichen der Gründergeneration das politische Grausen gekommen wäre. Körperliche Gewalt bekommt einen anderen Stellenwert. Sie wird nicht gutgeheißen, aber sie wird auch mal als unabwendbar ausgehalten, so wie früher subtilere, verbale Gewalt ausgehalten werden mußte, vielleicht auch selbst angewandt wurde. Harte Auseinandersetzungen, das lehrten die Erfahrungen, können zur Grundlage von Freundschaften werden, ebenso wie der Besuch im Knast. Mit der Zeit ist es eine Tatsache: aus dem Gymnasiastentreff wurde ein Arbeitertreff.

- Mittlerweile haben sich in der aufstrebenden Gemeinde mehrere Mittelbetriebe mit ein paar tausend Gastarbeitern angesiedelt. Eines Tages kommen die ersten jungen Ausländer ins Haus. Sie werden freundlich aufgenommen, zum Teil kennt man sich vom Betrieb her. Dann kommen immer mehr ausländische Jugendliche verschiedenster Nationalität. Bei den Diskos geben jetzt sie den Ton an, spannen den Deutschen die Mädchen aus, weil ihre Schwestern nicht ins Jugendhaus kommen dürfen. Bei Fußballturnieren können sie nicht verlieren, es kommt zu in dieser Härte bisher nicht erlebten Schlägereien, fast jeder Streit wird auf beiden Seiten zu einem national begründeten Konflikt. – So bleiben nicht nur die letzten Intellektuellen fort, auch deutsche Lehrlinge wollen vom Jugendhaus nichts mehr wissen. Wiederum tritt ein schmerzhafter Ablösungsprozeß von einer liebgewordenen Stätte ein, die nun am Konflikt schuldig gesprochen wird, weil die »Batschaken« nicht ausgeschlossen werden. Wieder kommt es zu Leserbriefen in der Zeitung, beklagen Gemeinderäte die Entwicklung, wird von Sozialarbeitern verlangt, daß sie Sozial- und Kulturkrisen professionell meistern. – Das Alibi ist geplatzt. – Kein Wort darüber, wer wohl die Industrie angesiedelt, Gastarbeiter geholt hatte und sie ohne Integrationshilfen gelassen hatte. – Ratlosigkeit auch wieder bei den Sozialarbeitern, verbunden mit vielen Diskussionen, die zur Entscheidung führen,

den bedürftigsten, angefeindetsten Jugendlichen, die gar nicht friedlich sind, ihre Arbeit zu widmen.
Die Analyse der neuen Situation ergibt wiederum veränderte Freizeitbedürfnisse, denen mit neuen Angeboten in einem anderen Rahmen begegnet werden muß. Sozialpädagogik kann fast nur Pflaster kleben – auf den Riß, zum Beispiel, der die Person junger Gastarbeiter durch ihr Leben in zwei Kulturen spaltet. Heilen kann sie nicht.

*

Ich habe mit diesen drei Beispielen die mögliche Entwicklung eines Jugendhauses aufgezeigt und damit zu belegen versucht, daß Jugendhäuser keine Inseln in der Gesellschaft sind, sondern äußert sensibel auf jeden Wandel reagieren.
Jahrelang habe ich den Anspruch eines für alle Klassen offenen Jugendhauses vertreten. Dieser Anspruch geht davon aus, daß Menschen mehr gemeinsame Interessen und Bedürfnisse aufgrund ihres Jung-seins als trennende aufgrund ihrer Klassenzugehörigkeit haben. Heute halte ich diese These so nicht mehr aufrecht. Solange es Klassen in unserer Gesellschaft gibt, haben diese auch konträre Interessen. Durch persönliche Beziehungen und fromme Worte können die Unterschiede eine Weile vernebelt werden, zum Beispiel unter den künstlichen Rahmenbedingungen einer Ferienfreizeit, die für drei Wochen die unterschiedliche Herkunft der Teilnehmer in den Hintergrund rücken. Meist aber geht im Alltag die Vernebelung zu Lasten der ökonomisch Schwächeren, deren Interessen im Konfliktfalle weniger berücksichtigt werden. Einheit, die nicht auf Gleichheit beruht, gleicht der Einheit des »braven« Sklaven mit seinem »guten« Herrn.
Die christlich motivierte Vorstellung, daß alle Menschen fähig sein sollten, in einer Stadt, in einem Jugendhaus friedlich zusammenzuleben, kann sehr unchristlich sein, wenn dadurch soziale Ungerechtigkeit, die Wurzel sozialer Konflikte festgeschrieben und gerechtfertigt wird. Religion so verstanden, wäre Opium für das Volk. Friedliches Zusammenleben hat soziale Gerechtigkeit zur Voraussetzung. Indem man sie schafft, entsteht Frieden, auch im Jugendhaus.
Ich kann demnach ein allen Gesellschaftsklassen offenstehendes

Jugendhaus heute nur akzeptieren, wenn es in das Streben nach Gerechtigkeit eingebunden wird. Wenn also die Interessen der Schwächeren klar im Vordergrund stehen und gesellschaftlich privilegierte Jugendliche zu Verbündeten der Marginalisierten werden. Denn es geht keinesfalls darum, daß brave Gymnasiasten bösen Arbeitern beispielhaft zeigen, wie man geordnet lebt oder daß Deutsche Ausländern Kultur beibringen. Es geht vielmehr darum unterschiedliche, gesellschaftsbedingte Lebenssituationen gegenseitig zu erfassen, zu begreifen, daß alle ein Teil dieser Gesellschaft sind und im Jugendhaus mit konkreten Veränderungen der Gesellschaft zu beginnen.

Die Organisationsstrukturen eines Jugendhauses sollten also nicht versuchen, eingespielte Abhängigkeiten widerzuspiegeln, indem z. B. Leute mit mehr Schulbildung über solche mit weniger bestimmen, sondern sie durch gerechtere Strukturen zu ersetzen. Bei diesem Versuch werden Gymnasiasten nicht Vorbilder, sondern Lernende sein, wie hauptschulgebildete Hilfsarbeiter ihrerseits auch.

In Werkstätten und Arbeitskreisen von Jugendtreffs kann die Trennung zwischen intellektueller und manueller Arbeit aufgehoben werden. Theater und Filme können dort in vielfältiger Form das Bewußtwerden über die eigene Lebenssituation fördern und Verständnis für die der anderen schaffen.

Natürlich kann auch in einem Jugendhaus nicht gewartet werden, bis Gewalt, Diebstahl, Drogenkonsum, Selbstmordversuchen, Depressionen, Arbeitslosigkeit durch Gesellschaftsveränderung die Grundlage entzogen wird. Natürlich ist es Aufgabe eines Jugendhauses, seine Besucher auch durch individuelle Hilfestellung lebensresistenter, widerstandsfähiger zu machen. Natürlich geht es auch darum, die Belastungsfähigkeit von Jugendlichen zu steigern, sie zu lehren, Situationen auszuhalten, durchzustehen, nicht zu resignieren, aber nicht im Sinne von sich ausliefern durch Anpassung und Resignation, sondern im Sinne von durchhalten, um zu verändern.

Nachdem ich Sie nun mit diesen grundsätzlichen sozialpolitischen Aspekten strapaziert habe und Sie vergeblich auf pädagogische Tips gewartet haben, führe ich Sie im nächsten Kapitel in Verhaltensweisen von Jugendlichen am Beispiel von Liebe und Sexualität ein.

Sexualität und persönliche Entfaltung

Jugendliche (und nicht nur Jugendliche) handeln auch im Bereich zwischenmenschlicher Beziehungen nicht ganz selten gegen offizielle Normen von Kirche und Staat und gegen ungeschriebene, aber nicht minder verbindliche Lebensgewohnheiten von Nachbarn, Verwandten oder einfach »der Gesellschaft«.
Statt Normenverstoß im Sexualbereich bedauernd festzustellen, ihn als Libertinage, Sittenverfall, Verweichlichung abzutun, soll der Versuch unternommen werden, die Ursachen aufzuzeigen, in denen das zwar veränderte, aber nicht normenlose Verhalten Jugendlicher gründen mag.
Die Prinzipien, aus denen heute und gestern gelebt wird, sind dieselben; ihre konkrete Verwirklichung – die wir einmal Norm nennen wollen– kann zu entgegengesetzten Resultaten führen.
Normen werden häufig nicht abgelehnt, weil es einfacher ist, gegen sie zu leben (das Gegenteil ist oft der Fall), sondern weil man sie als Hindernis auf dem Wege zur eigenen menschlichen Entwicklung empfindet. Nicht die Anti-Haltung ist entscheidend, sondern die Erkenntnis der Ursachen, die zu veränderten Lebensnormen führen.
Die Prinzipien von Treue, Aufrichtigkeit, Verantwortung, als Voraussetzung für Partnerschaft, gelten auch heute noch bei Jugendlichen.
Aber warum sollen z. B. diese Prinzipien nicht schon auf Freundschaften vor der Ehe angewandt werden?
Um diesen, sich verändernden Normen auf die Spur zu kommen, ist es naheliegend, Jugendliche dort zu beobachten, wo sie veränderte Lebensregeln entwickeln können. Das kann im Urlaub sein oder in einer Kommune, in ihrer Freizeit oder auch in einem Treff, sofern dieser ein Haus ist, das sie selbst mitgestalten können, in dem sie Verantwortung tragen, das ihr Haus ist. Zur Entwicklung von Lebensnormen eignet sich ein Lebensraum, der nicht vom Widerstand, der Abneigung und Ablehnung gegen das Bestehende geprägt wird. Ein Lebensraum, in dem die vielleicht anfänglich vorhandenen Anti-Tendenzen überwunden werden, unvoreingenommener

Aufbau möglich ist. Einen solchen Lebensraum gibt es natürlich nicht in Reinkultur, weil bestehende Lebensregeln neue Entwicklungen vielfach behindern, aber, mit Abstrichen, kann es ein Jugendhaus sein.

So ein Treffpunkt kann wie ein Naturpark sein, der zwar nicht der Wildnis gleichzusetzen ist, noch weniger aber einem Zoo. Im Zoo werden die Lebensbedürfnisse der Tiere an die Erwartungen der Besucher angepaßt, was mitunter bewirkt, daß sensible Arten sich in Gefangenschaft nicht vermehren.

Die Notwendigkeit von Normen und Institutionen, die das Zusammenleben von immer mehr Menschen auf immer enger werdenden Raum erst ermöglichen, sei unbestritten. Wenn aber nicht die ganze Welt zum Zoo werden soll, in dem einmal der Mangel an Kindern den Mangel an Hoffnung widerspiegelt, dann werden Institutionen und Normen sich ständig an den, in der Geschichte sich fortschreibenden, Entwicklungen und Bedürfnissen der Menschen ausrichten müssen.

Wir haben in unserer westlichen Zivilisation ein Stadium erreicht, wo die Bedürfnisse der Institutionen bereits zu oft die Bedürfnisse der Menschen überlagern, so daß diese gar nicht mehr wahrgenommen werden. So entwickeln sich manchmal aus den Bedürfnissen der Institutionen Normen mit moralischem Anspruch, deren Befolgung für den einzelnen einen unmoralischen Akt bedeuten kann.

Die nach Geschlechtern getrennte Erziehung, wie sie lange Zeit und teilweise auch heute noch von der katholischen Kirche verteidigt wird, mag eine geeignete Maßnahme zur Vorbereitung auf ein eheloses Leben sein; der Verzicht auf Freundschaft und Sexualität während der Jugendjahre ist aber keine gute Vorbereitung auf die Ehe. Beweis dafür ist die nicht unbeträchtliche Zahl von Priestern und Nonnen, die dem Zölibat entsagten und in ihrer ersten Ehe zunächst einmal scheiterten. Das Verhalten eines Tieres ist im Zoo anders als auf freier Wildbahn. Wer möchte leugnen, daß letzteres seinem Wesen entsprechender ist? Sitten, Bräuche, Gesetze, Wachstumszwang, Materialismus, haben die Entfaltung des Menschen oft so eingeengt, daß aus dem Prärie-Büffel

der Ochse im Stall geworden ist, gut nur noch, um von seinem Herrn, der Institution, geschlachtet zu werden.
Betreten wir einmal irgendeinen Jugendtreff, der ein wenig Insel in einem Meer von gesellschaftlichen und institutionellen Konventionen ist. Beobachten wir dort, unter vielen Gruppierungen, einmal drei.
Da gibt es z. B.
Pubertierende die sich zu einem Club zusammengeschlossen haben. 35 Jugendliche, zwischen 13 und 17 Jahren, Jungen und Mädchen. Sie haben einen eigenen Raum zugesprochen bekommen, ihren Raum. Es geht zeitweise zu wie in einem Rudel junger Hunde. Sie balgen sich, beschnuppern sich, streiten sich und küssen sich. Dafür haben sie eine eigene Nische gebaut. Hauptgesprächsthemen sind »Wichsen« und »Weiber«; Orgasmus und Mösenschlecker die häufigsten Wörter. Bloß wenn ich sie mit »Liebe Wichser« anspreche, dann meinen sie, daß ich, als Priester, das ja nicht sagen dürfe. Sie dürften.
Die Mädchen ertragen das Gerede mit Gleichmut, steuern mal einen einschlägigen Witz dazu bei und meinen, die Kerle hätten sich schon gebessert. Was stimmt. Als sie nämlich noch jünger waren, und fast nur Jungens im Club, wurden die verschiedenen Möglichkeiten am angenehmsten zu wichsen noch viel plastischer besprochen. Damals umarmten sich auch noch die Kerle gegenseitig.
Die Clique hat gemeinsam die Sexualität entdeckt. Jeder seine eigene und dazu auch die der anderen. Von der Entdeckung des eigenen Körpers, durch eine homoerotische Phase, bis hin zur heterosexuellen Beziehung, hat sich die Entwicklung des einzelnen innerhalb der Gruppe vollzogen; in einer Atmosphäre des Spaßes, des Spiels und der Unbefangenheit. Aber auch in einer Atmosphäre, die Grenzen setzt. So wurde es der Gruppe zuviel, als ein 13jähriges Mädchen von allen abgeknutscht wurde. Einhelliger Beschluß: Sie soll aus der Gruppe ausgestoßen werden. Von einem Sozialarbeiter aufmerksam gemacht, daß das Problem doch nicht nur beim Mädchen läge, antwortete einer: »Ich kann ihren großen Brüsten einfach nicht widerstehen.« Man einigte sich dann doch auf gegenseitige Zurückhaltung, und daß das Mädchen klären sollte, mit wem sie nun gehe.

Durchgemacht hat der, vielleicht entsetzte, Leser diese Phasen vermutlich auch. Wahrscheinlich aber eher geheim, vielleicht zu zweit und mit Gewissensbissen. Seine Sexualität bekämpfend, nicht bejahend.

Hauptschüler und Lehrlinge sprechen in derberer Sprache direkter aus, was Jugendliche aus »besseren Familien« und mit »höherer Schulbildung« verklausulierter und andeutungsweise ausdrücken. In der Einstellung zur Sexualität besteht kein Unterschied. Der Unterschied besteht zum Verhalten der Öffentlichkeit. Die richtet Bordelle ein, läßt Pornozeitschriften und Sexkinos zu und tut so, als gingen nur die anderen hin, als müsse man die Jugend davor schützen. Der Jugend gesteht sie Freiraum zu, solange sie das Verhalten in diesem Freiraum nicht zur Kenntnis nehmen muß. Jugendliche entwickeln ihre eigenen Schutzmaßnahmen, die viel besser funktionieren, als der bewahrende Schutz durch Verbote. Noch vor wenigen Jahren sind die spärlichen und verbotenen Sexzeitschriften unter der Schulbank gehandelt worden. In gespannter und schwüler Atmosphäre. – Heute spielt sich alles öffentlich ab. Sexuelle Eindrücke, Empfindungen und Erfahrungen werden gemeinsam besprochen, verarbeitet, so daß sich falsche Vorstellungen, die durch verzerrte Sexualisierung in der Öffentlichkeit entstehen, auch wieder korrigieren können. Der einzelne Jugendliche fühlt sich in seinem Entwicklungsprozeß weniger allein gelassen.

Im Grunde genommen ist die Entdeckung der eigenen Sexualität nur eine unter vielen anderen Entdeckungen, die Jugendliche im Entwicklungsalter allein und in einer Gruppe vollziehen. Sie sind auf der Suche nach ihrer Stellung in der Familie, Arbeitswelt, Schule, Gesellschaft, in ihrer Gruppe. Auseinandersetzungen finden häufig statt, weil sie anfangen, sich aus Abhängigkeiten zu lösen, eigenverantwortlich handeln wollen. Der Konflikt mit den Eltern, bedingt durch den notwendigen Loslösungsprozeß aus der Familie, die oft lange andauernde Suche nach einem Arbeitsplatz oder das Ausgestoßenwerden aus dem bisherigen Freundeskreis beschäftigt sie weit mehr, als die Problematik ihrer Sexualität, die mehr als ein angenehmes Rätsel, denn als Belastung empfunden wird.

Zur Belastung wird sie oft erst durch die Reaktion der Umwelt, die nicht wahrhaben will, daß 14jährige auch sexuelle Wesen sind, und ihnen keinen Weg weist, wie sie ihre Sexualität leben können, sondern ihnen nur zu sagen hat, daß sie diese nicht leben dürfen. Daraus ergeben sich folgende Thesen:

1. Der Jugendliche darf seine Sexualität entdecken, selbst erfahren. Er wird gleichzeitig auch Kriterien für sein Sexualverhalten finden, auf Grenzen stoßen, die Erfahrung anderer berücksichtigen lernen.
2. Die Sexualität ist aus dem Zwielicht ins Helle zu befördern. (Was nicht in Gegensatz zu einer berechtigten Intimsphäre zu sehen ist). Der Freundeskreis und die Gruppe sind ein geeignetes Milieu, um sich mit sexuellen Erfahrungen auseinanderzusetzen.
3. Nicht die Art der Sprache ist entscheidend, sondern die Aufrichtigkeit. Man soll mit Jugendlichen so über Sexualität sprechen, daß sie einen verstehen. Nicht mit Phrasen um den Brei herum reden.
4. Die Reaktion, die Jugendliche auf die Versexualisierung der Öffentlichkeit gezeigt haben, besteht in – graduell allerdings sehr verschiedener – kritischer Auseinandersetzung mit der Sexualität.
5. Onanie, auch mal gemeinsam, gehört zur Entdeckung der Sexualität und schadet erst bei ihrer Problematisierung durch Verbote.
6. Es gibt kein »zu jung« für sexuelle Empfindungen. In dem Maße, als sie wahrgenommen werden, sollen Menschen sich damit auseinandersetzen.
7. Gott lächelt, wenn junge Hunde spielen.

Benachteiligte schließen sich häufig zusammen.

Überlieferte Landessitten bewirken z. B., daß aus Gastarbeiterfamilien meist nur Jungen ein Jugendhaus besuchen. Ausländische Mädchen sind auch in Deutschland in ihrer Freiheit stark eingeschränkt. (Ihre Probleme werden hier einmal ausgeklammert.)

Die Vorurteile gegenüber Gastarbeitern bewirken, daß es für ausländische Jungen oft schwierig ist, eine wahre Freundin zu finden.

Sie stehen daher noch als 20jährige mit ihrer Sexualität ziemlich hilflos da. Ihre Eltern haben zwar den Arbeitsplatz in Deutschland, sie selbst aber keineswegs den Zölibat gewählt. So eröffnen sich ihnen zwei Möglichkeiten, entweder sie gehen ins Bordell – was auf Dauer schon wegen der Kosten keine Lösung ist – oder sie finden, für mehr oder minder vorübergehend, ein Mädchen, das zwar nicht ihre Freundin, aber doch ihre Sexualpartnerin wird. (Klar, daß es Ausnahmen gibt.)

Es gibt auch deutsche Mädchen, die keinen Freund finden. Vielleicht wegen ihres Aussehens oder ihrer Art, sich zu geben; vielleicht auch, weil sie von der Hilfsschule kommen. Etliche suchen und finden Anschluß bei Ausländern in einem Jugendhaus. Nicht wenige von ihnen sind auf der Suche nach einem wahren Partner und hoffen, daß aus der oberflächlichen sexuellen Beziehung sich beim Jungen einmal Zuneigung entwickelt. Andere sind einfach froh, daß sich jemand mit ihnen beschäftigt, sie begehrt. Wieder andere renommieren mit der Zahl verflossener Bettgenossen. Gerade wenn diese Mädchen ein gestörtes Verhältnis zu ihrer Familie haben, sie vielleicht gar kein Zuhause besitzen, eigentlich ausreißen möchten, hält sie manchmal nur noch die Beziehung zu anderen (Benachteiligten) zurück.

Die genannten Kategorien von Mädchen und Jungen gebrauchen ihre Sexualität nicht aus Liebe im üblichen Sinne. – Man kann das nun verurteilen oder sich auch die Frage stellen, ob es, außer Liebe, noch andere annehmbare Gründe geben kann, um heterosexuell aktiv zu werden. Die erstrebenswerte volle menschliche Erfüllung muß an sich die Sinnhaftigkeit einer nur unvollkommenen Erfüllung nicht ausschließen.

Vor allem aber wird an den genannten Beispielen sichtbar, daß die Ursache für dieses sexuelle Verhalten nicht in Verkommenheit, sexueller Libertinage, Oberflächlichkeit, Entmenschlichung, Sexbesessenheit liegt, ja es im Grunde genommen überhaupt kein sexuelles Problem ist, das diese Jugendlichen plagt, sondern, daß sie sich als Ausgestoßene, Batschacken, Tschuschs, Ungebildete, Häßliche und Ungeliebte herumplagen und versuchen, ihre Sexualität als Heilmittel gegen ihre Benachteiligung zu verwenden. Vielleicht hält das bißchen Sex, daß bißchen Zuwendung, sie gerade noch am Leben. Übrigens werden selbst in diesen Beziehungen noch Forderungen an den Partner gestellt, was doch auch ein Zeichen dafür ist, daß man sich noch nicht selbst aufgegeben hat. So wird häufig verlangt, daß sich beide Sexualpartner an der Finanzierung der Verhütungsmittel beteiligen – sonst wird nicht ins Bett gegangen. Aus dem Gesagten könnte man schließen:

1. Die Veränderung hat nicht beim unvollkommenen Sexualverhalten dieser Jugendlichen anzusetzen, sondern bei den Ursachen, die es hervorrufen. Unmoralisch ist nicht das unvollkommene Sexualverhalten, sondern unmoralisch sind die Zustände, die es bedingen. Es muß auf die Integration der Gastarbeiter, der sozial Schwachen, der Häßlichen, Ungebildeten und anderweitig Behinderten in unserer Gesellschaft hingearbeitet werden.
2. Natürlich muß auch mit diesen Jugendlichen über ihr Sexualverhalten gesprochen werden, um sie z. B. auf die Probleme, die aus einseitiger Liebesbeziehung entstehen können, aufmerksam zu machen; oder um sie von gesetzwidrigem Handeln, wie Beziehungen zu Minderjährigen, abzuhalten und auf alle Fälle um zu verhindern, daß sie Kinder zeugen. (Auch durch Gratisausgabe von Verhütungsmitteln.)
3. Man hat nicht das Recht, sexuelle Beziehungen, nur weil sie mangelhaft sind, zu unterbinden. Auch oberflächliche sexuelle Beziehungen können menschliche Beziehungen sein, sind vielleicht die ersten zarten Wurzeln auf der Suche nach Erde. Auch diesen unvollkommenen Beziehungen haftet möglicherweise ein Hauch von Menschlichkeit an in der oft unmenschlichen Arbeitswelt dieser Benachteiligten.

Liebende sieht man in einer Teestube, stolpert über sie auf der Treppe, streift sie im düstern Gang, wo Schatten bei Näherkommen sich verdoppeln. Sie sind eng umschlungen oder streiten sich. An der Art, wie sie sich begrüßen oder bei der Hand halten, kann man den Intensitätsgrad ihrer Freundschaft erkennen. Manchmal sind sie allein und sehen stundenlang durchs Fenster, warten wider alle Hoffnung, daß der Freund doch noch kommt. Tage später strahlen sie: die Krise ist überwunden.

Apathisch-depressive Jungen beginnen, einen Sinn im Leben zu sehen, Hilfsarbeiter suchen auf Wunsch der Freundin eine Lehrstelle, Mädchen hören auf zu trinken und zu rauchen, weil's ihr Kerl so möchte. – Andere wieder nehmen eine Dosis Schlaftabletten: zu wenig zum Sterben, aber genügend, um bei der an den Freund verlorenen Freundin Gewissensbisse zu erzeugen. Manche beginnen mit dem Auto vernünftig zu fahren (diejenigen, die eine Freundin gefunden haben), andere drehen die Maschine erst recht auf (diejenigen, die noch nach einer Freundin suchen).

Zwei haben einen Dickschädel. Sie steht – wie gehabt – am Fenster und starrt auf die Straße; er sitzt vor einer Tasse Tee im Eck. Dicke Luft. Ich lade sie zu einem Gespräch ein. Er: »Sie verweigert sich in der Liebe« Sie (15): »Wir haben uns nachmittags getroffen, um, wie ausgemacht, zuerst mitsammen zu lernen. Aber er wollte gleich mit mir ins Bett. Dann wird aber aus dem Lernen nichts. Das war schon einmal so. Er soll sich an Absprachen halten.« Schläger verlieren durch Freundinnen ihre Aggressivität, werden umgänglich. Manche Eltern lassen die 14jährige Tochter den Freund übers Wochenende heimbringen, wenn sie selbst fort sind. (Sie würde es ja trotzdem tun.) Andere heißen ihre 16jährige Tochter um 8 Uhr abends zu Hause sein. (Sie steigt nachher wieder regelmäßig aus dem Fenster.)

Einen Freund, eine Freundin haben, gibt dem Leben vieler Jugendlicher einen Sinn. Dafür müssen sie auch Opfer bringen, an Zeit und an Freiheit. Deswegen entstehen in Freundschaften auch Pausen oder sie enden. Vielleicht hat die Freundschaft zu stark eingeengt, zu große Abhängigkeit erzeugt. Man möchte wieder ausprobieren, wie es ist, allein und unabhängig zu leben. Bis man daraufkommt, daß der Weg in die Freiheit regelmäßig ins Gasthaus führt, daß die Kumpels von früher, von denen einen die Freundin getrennt hatte, sich auch verändert haben, daß vergangene Zeiten, verklärt gesehen, nicht wiederkehren. Erst ein Mensch, der einen liebt, bringt Ruhe, Sinn und Freude.

Viele haben noch keinen Freund, keine Freundin. Am Abend, am Wochenende, wenn sie vom Urlaub heimkommen, wartet niemand auf sie. Mit wem sollen sie reden, wem erzählen was einem in Schule oder auf dem Arbeitsplatz widerfahren ist? Die Krankheit des Allein-Seins wird von den anderen längst erkannt: »Der braucht eine Frau«.

Einen zufälligen Jugendhausbesucher mag manches Verhalten verwirren, bis er durch längeres Beobachten etwa folgendes erkennt:

– Die Freundin, der Freund, ist für andere tabu.

– Der Partner wird vor allem gesucht, um jemanden zu haben, der zu einem hält, mit dem man reden kann, dem man sich anvertrauen kann, mit dem man Freud und Leid teilen kann.

– Jugendliche, die sich zu Hause nicht wohlfühlen, zu ihren Eltern keine innige Beziehung haben, die dazu vielleicht auch noch am Arbeitsplatz auf Ablehnung stoßen oder in der Schule Mißerfolg haben, entwickeln besonders intensive Freundschaften. Manchmal überfordern sie den Partner, weil sie ihn total beanspruchen. Krisen, die daraus entstehen, sind besonders heftig.

– Treue, Aufrichtigkeit, Vertrauen werden selbstverständlich verlangt. Fehltritte, selbst eingestanden (nicht durch andere erfahren), werden im allgemeinen verziehen. Wiederholungen führen zum Bruch. Es gibt aber Treue auf Zeit. Liebende, die sich für ein Stück Lebensweg zusammen tun, um ihn besser zu meistern. Weil sie sich ein Stück begleitet und geholfen haben, müssen sie sich nicht für immer begleiten. Ein neuer Partner wird kommen, helfen, die neuen Probleme zu meistern.

– Sexuelle Beziehungen sind selbstverständlich, ihre Intensität hängt vom Grad der Freundschaft ab. Die Moralität der sexuellen Beziehung hängt vom Einklang, der Übereinstimmung zwischen sexueller Beziehung und Freundschaft (allumfassender) ab. Sich sexuell zu verweigern kann so moralisch sein, wie sich sexuell hinzugeben. Auf die Umstände kommt es an. Das vor oder in der Ehe ist dabei kein entscheidendes Kriterium für die Moralität einer sexuellen Handlung. Die Ehe garantiert nicht die Menschlichkeit der sexuellen Beziehung. Die voreheliche Beziehung sagt an sich noch nichts über ihre Moralität aus. Sagte ein Junge: »Zwischen Jugendlichen kann die Liebe besser laufen, als zwischen verheirateten Erwachsenen. Ich habe schon gesehen, daß Junge sich besser verstehen als Erwachsene. Wenn zwei Junge sich geistig nicht mehr verstehen, schlafen sie z. B. auch nicht mehr mitsammen.«

Warum mißt man das Liebesleben Jugendlicher mit anderen Maßstäben als das Erwachsener?

– Manche Freundschaften belastet der Widerstand der Eltern. Das Paar hat keine Möglichkeit, sich privat zu treffen. Das kann auf Dauer das Ende der Freundschaft verursachen. Andere Eltern (oder Elternteile) unterstützen oder tolerieren die Freundschaft. Sie helfen, aufkommende Krisen zu überwinden.
– Die Dauer der Freundschaft ist meist offen. »Wir möchten versuchen zusammenzubleiben, wir wissen noch nicht, ob es uns gelingen wird.« Oder: »Wir wissen nicht, was auf uns zukommt. Ich glaube nicht, daß wir immer beisammen bleiben werden. Ich werde aus beruflichen Gründen ein Jahr ins Ausland gehen. Wenn wir bei meiner Rückkehr noch beide frei sind, werden wir vielleicht zusammenziehen.«
– Viele Paare ziehen zusammen, um zu erfahren, ob ihre Liebe auch den Alltag verträgt. Aus Verantwortung für die Zukunft.
– Nicht jede Freundschaft geht einvernehmlich auseinander. Da kann es dann passieren, daß der enttäuschte Partner sich wahllos auslebt oder aber sich zum Mönch berufen fühlt.
– Jugendliche sehen ihre gegenseitigen Gefühle und Empfindungen als Kriterium für die Tiefe ihrer Freundschaft an. Sie haben Angst vor Gewohnheit, von der sie spüren, daß sie ihre Beziehung aushöhlen kann. »Bei uns läuft es nicht mehr richtig. Wenn wir miteinander schlafen, fühlen wir immer weniger füreinander. Wir müssen in der Art unserer Freundschaft etwas ändern.«

Daraus ergibt sich:

1. Nicht die Ehe heiligt die Liebe, sondern die Liebe die Ehe, aber auch die Freundschaft. Nicht der Rechtsakt ist das Sakrament, sondern die Liebe. Das spricht nicht gegen den Rechtsakt, verweist ihn nur auf seinen Platz.
2. Auf der Suche nach Dauerfreundschaft ist es für ein Mädchen nicht unbedingt abträglich, schon mehrere Freunde gehabt zu haben. Der zukünftige Partner sieht nicht aufs Hymen, sondern auf den Menschen.
   Es ist nicht von vornherein das Beste, wenn die erste sexuelle Vereinigung mit dem Partner fürs Leben vollzogen wird. Ehrlich durchlaufene Freundschaften, mit all ihren Krisen, können ein

guter Garant für die richtige Partnerwahl zur Familiengründung sein.

3. Ein Mädchen oder ein Junge erleidet nicht gleich eine Katastrophe, wenn mal, aus irgendeinem Grund – und mag es der Versuch sein, den Partner wiederzugewinnen – mit einer Gelegenheitsbekanntschaft ins Bett gegangen wird.

Die meisten Jugendlichen, die in einen offenen Jugendtreff kommen, lassen sich von kirchlichen Gesetzen und Verordnungen nicht mehr beeindrucken. So man auf solche Vorschriften aufmerksam macht, erntet man ein mildes Lächeln oder ein »was soll der Scheiß«. Man hat aber als Erwachsener in einem Jugendhaus durchaus die Chance, durch Gespräche in der Gruppe, mit Paaren, mit dem einzelnen, vorhandene Wertvorstellungen über Treue, Aufrichtigkeit, Verantwortung, Liebe, Rücksichtnahme, zu verstärken. Man kann den Jugendlichen helfen, über ihr Verhalten, über ihre gegenseitigen Beziehungen nachzudenken, ihnen die Folgen ihres Handelns aufzeigen, die der Erwachsene aufgrund seines Erfahrungsvorsprunges in weiterem Ausmaße erkennt, als der Jugendliche. Entscheidungen abzunehmen ist falsch und zwecklos. Falsch, weil dadurch die Entwicklung der Jugendlichen gehemmt wird, die irgendwann die selbständige Entscheidung nachholen müssen. Zwecklos, weil mit normalen Mitteln eine intensive Freundschaft nicht zu unterbinden ist, Gewaltmethoden aber größeren Schaden als Nutzen anrichten, indem sie die Kinder den Eltern entfremden.

Natürlich tauchen für Erzieher (und Eltern) immer wieder schwierige Situationen auf. Soll ein 16jähriges Freundespaar seine Freundschaft auch auf einer Jugendhausfreizeit leben dürfen? Soll man es so machen, wie es häufig noch die Gesellschaft doppel-moralverhaftet tut: offiziell wird's nicht erlaubt?

Sollen 13jährige ihre sexuellen Spielereien auch auf dem Zeltlager betreiben können, oder müssen sie erst warten, bis sie wieder daheim sind, um in ihrem Hüttle, unter dem Schutz der unwissenden Eltern, Strip-Poker zu spielen? – Da mag man noch lächeln.

Zum Zittern wird das Lächeln, wenn morgens die Füße eines 14jährigen Paares beim Zelt heraushängen. Wer weiß, ob es in der Nacht beim Petting geblieben ist?

Warum zwingen wir Erwachsene häufig schon Kinder dazu, uns nicht zu vertrauen? Warum sind wir denn nur glücklich, wenn wir von der Hälfte der Streiche der Kinder keine Ahnung haben? Warum ertragen wir es denn so schwer, daß Kinder manchmal anders handeln als wir?

Die katholische Kirche hat sich auf eine viel zu starre, normative Festlegung von angeblich moralischen Regeln für Partnerschaften und Sexualerziehung eingelassen. Sie mißt diesen Regeln außerdem noch anmaßend weltweite, interkulturelle, in alle Ewigkeit geltende Gültigkeit zu. So als ob man nicht längst wüßte, daß menschliches Verhalten sich nach den Erfordernissen von Zeit, Entwicklung, wirtschaftlichen Gegebenheiten, Kulturen, Geographie und vor allem von neuen Erkenntnissen ausrichten müßte, um sittlich zu bleiben.

Bei einer durchschnittlichen Lebenserwartung von 30 Jahren hat die Forderung nach lebenslanger Ehe einen anderen Stellenwert als bei einer Lebenserwartung von 80 Jahren. – Man kann die Unauflöslichkeit der Ehe nicht mit dem Wohl der Kinder begründen, wenn keine da sind oder diese sich bereits selbst erhalten oder weiteres Festhalten an der Ehe für die Kinder schädlicher ist als die Trennung der Eltern. Ich weiß nicht, mit welchem Recht die Kirche von Jugendlichen fordert, jahrelang ihre Sexualität zu ignorieren. Gibt es nicht auch schon für den Jugendlichen das Menschenrecht auf partnerschaftliche Liebe, auf Sexualität? Die in unserer Gesellschaft nun einmal notwendig gewordene Erziehung zur Demokratie führt konsequent zu größerer Selbstverantwortung und Selbständigkeit auch der Jugendlichen. Nicht Vorschriften sind für sie entscheidend, sondern deren Begründungen. Vorschriften, die nicht einsichtig begründet werden können, sollten Kirchen, Staaten und Eltern schnellstens fallen lassen, wenn sie nicht unglaubwürdig werden wollen.

Eltern, Erzieher, Lehrer, Kirchen haben Angst vor der Sexualität der Jugendlichen. Diese Angst führt zur Ignorierung der Sexualität junger Menschen und zu akrobatischen Denkübungen, um vom Erwachen der Sexualität bis zur Heirat Enthaltsamkeit zu begründen. Da die Sexualität nicht vom Menschen getrennt betrachtet

werden kann, wird hier nichts anderes als eine Mensch-Sein-Pause verlangt.
Von den Eltern bis zu den Kirchen sollte man sich statt dessen ganz auf die Entwicklungsstadien junger Menschen einlassen und zusammen mit diesen einen der jeweiligen Situation entsprechenden Weg entwickeln, wie sie ihre Sexualität entdecken, leben, ihre Freundschaften gründen und ihre zwischenmenschlichen Beziehungen verantwortungsbewußt und menschlich weiterentwickeln können. Liebe darf gelebt, nicht verboten werden. Niemand ist zu jung für Liebe. Wie Ratschläge fürs Eheleben gegeben werden, sollen auch Ratschläge fürs Freundschaftsleben gegeben werden.
Alle Primitivaufklärung von Psychologen nützt nichts, wenn sie sich in der detaillierten Erklärung von Verhütungsmitteln erschöpft und alle hochgestochenen Vorträge über Eros und Liebe an kirchlichen Akademien verfehlen ihr Ziel, wenn das Publikum nur drinsitzt und wartet, ob sich der Referent für oder gegen vorehelichen Geschlechtsverkehr ausspricht.
So bleibt für Eltern und Pädagogen die Aufgabe, immer gültige Werte wie Aufrichtigkeit, Vertrauen, Verantwortung, Hilfsbereitschaft, die auch von den heutigen Jugendlichen stark empfunden werden, zusammen mit den Jugendlichen zu konkretisieren, um dadurch die besten Voraussetzungen für menschliche, partnerschaftliche Beziehungen zu schaffen.

II. Teil

Leseschlüssel

zu den folgenden Texten von Jugendlichen

»Krib,
du bist ein Schwein, mörder ein betrücker nehmst die kleinen das Geld ab und gegen grösseren kannst du nichts machen da scheißt du gleich in die Hoße, Ich mache antseige gegen dich. ich warte
Zorro«

Diesen Brief hat mir Jani, ein dreizehnjähriger griechischer Junge geschrieben. Er war die Reaktion auf eine Ohrfeige, die ich ihm vorher gegeben hatte, im Ärger, weil er aus nichtigem Anlaß einen Schwächeren geschlagen hatte.
Ich hatte Jani an einer empfindlichen Stelle getroffen. Was schon jedes Kind mit etwas Selbstbewußtsein stört, traf Jani wegen seines kleinen Wuchses besonders: der Einsatz überlegener körperlicher Gewalt durch einen Erwachsenen, der damit in einer Auseinandersetzung Sieger bleiben will. Vergessen war für ihn sein eigenes Unrecht, es wurde durch ihm zugefügtes Unrecht überlagert. Unrecht läßt sich nicht durch Unrecht korrigieren. Gewalt, auch strafende Gewalt, kann Einsicht nicht ersetzen und nicht nur bei Kindern selten erzwingen. Strafe beinhaltet immer auch Gewalt und eine gute Portion Anmaßung seitens des Strafenden, der – selbst in vielen Bereichen schuldig – meint, über die Schuld anderer richten zu müssen. In Baden-Württemberg sind Erziehungsberechtigte durch Gewohnheitsrecht befugt, körperlich unterlegene Kinder zu schlagen: legalisierte Unfähigkeit, mittels Einsicht, Zuwendung und Motivierung zu erziehen. Ich hatte Janis Konflikt mit einem Mit-

schüler in einen Konflikt zwischen Jani und mir verwandelt, ohne den beiden ein Instrumentarium anzubieten, ihren eigenen Konflikt beizulegen. Durch seinen Brief, den ich auch mit Kollegen besprach, hatte Jani mich ein Stück weit erzogen. Ähnlich möchte ich durch die in diesem Buch geschilderten Erfahrungen von Jugendlichen dem erwachsenen Leser die Brille abnehmen lassen, durch die er vielleicht bisher seine Beziehungen zu Jugendlichen und Kindern gesehen hat, so er sich einseitig als Erzieher gesehen haben sollte. Es sind nicht allein die Lehrer und Eltern, Politiker und Polizisten, Priester, Nachbarn, Journalisten und Werbeleute, die gegenüber Jugendlichen Erziehungsfunktionen ausüben. Es sind alle Kinder dieser Welt dazu aufgerufen und befugt, die Menschen, denen sie sich ausgeliefert fühlen, von denen sie abhängig sind, zu erziehen. Sie haben das Recht dazu und sollen ihrerseits aus den Erzählungen den Mut schöpfen, sich gegen empfundenes Unrecht zu wehren und sei es mit dem frechsten Maul und der herausforderndsten Geste, wenn dies den ihnen adäquaten Weg der Selbstbehauptung darstellt. Es geht nicht an, daß Erwachsene mit Bildungs- und Rhetorikvorsprung glauben, alleine die Mittel für die Auseinandersetzung bestimmen zu können, so daß sie Jugendliche praktisch oft entwaffnen, wehrlos machen. Anstand äußert sich nicht nur in der Wahrung der Formen, sondern auch in Aufrichtigkeit und Machtverzicht.

Wer als Politiker, Kirchenfürst, Lehrer und Elternvertreter, in Wahlreden, auf Podien und von Kanzeln herunter behauptet, die Jugend wolle geführt werden, wolle, daß man ihr sage, was sie tun solle und was gut und was böse sei, kann damit Erzieher zum Machtmißbrauch auffordern. Diese Sprüche passen den Sprüchemachern selbst in den Kram, weil sie Abhängige brauchen, um ihre Politik zu machen, ihre Kirchen zu füllen, als Lehrer den Boß und als Vater den Pascha zu spielen.

Erziehung ist nicht Führung von Jungen durch Erwachsene auf ein Ziel hin, das nur Erwachsene kennen, nur Kirchenführer von Gott erfahren haben, Politiker für ihre Wiederwahl formulieren. Erziehung ist der Versuch aller Menschen, miteinander leben zu lernen in einer Weise, die es jedem ermöglicht, soviel wie möglich Mensch zu werden, nach seinen je eigenen Lebensvorstellungen. Dies fordert jeden heraus, seine Erfahrungen einzubringen, seine Bedürfnisse zu formulieren und zu lernen, auf andere einzugehen. So erzieht der Säugling durch Weinen die Mutter zur Wahrnehmung seiner Bedürfnisse, das behinderte Kind die Eltern nicht selten zu einer neuen Lebenseinstellung, die bisher Wichtiges nun nebensächlich erscheinen läßt und den Blick auf Wesentliches lenkt.

Der Jugendliche, der die Folgen seines Handelns oft noch nicht erkennt, ist eine Herausforderung an die an Erfahrung reicheren Menschen, ihm diese mitzuteilen – nicht sie ihm aufzuoktroyieren. Im Gespräch mit Jugendlichen sollen Erwachsene ihre Standpunkte darlegen, ihre Lebenseinstellung erklären. Es wird ihnen helfen, sich selbst damit auseinanderzusetzen. Sie sollen erklären, warum sie selbst in den Krieg gezogen sind, nach Karriere streben, Steuern hinterziehen, warum ihnen mehr Geld so wichtig ist und wie hoch das Bankkonto wohl sein müßte, um glücklich zu sein. Sie sollen erklären, warum sie Gastarbeiter nicht mögen, viel Überflüssiges kaufen und dafür indirekt viel Umweltzerstörung und Ausbeutung in Kauf nehmen. Sie sollen erklären, warum es wichtiger ist, selbst immer bequemer zu leben und dadurch jenen, die ums Überleben kämpfen, die Mittel zu entziehen. Sie sollen begründen, warum sie Häuser abreißen und an deren Stelle Straßen bauen, auf denen dann Obdachlose stehen, warum sie ihre Babies in reiche Kirchen hineintaufen lassen, die anderen die Armut predigen, warum sie durch Alkohol und Zigarettenautomaten schon Kindern Sucht und Krebs anbieten, sich selbst bedienen, wohl wissend, daß dies schadet. Sie sollen ihren Kindern erklären, wie sie es aushalten, selbst in einer Millionenvilla zu wohnen, während andere in Kellerlöchern hausen, warum es sinnvoll ist, mit Waschmitteln die Wäsche zu reinigen, aber die Flüsse zu töten. Kirchenfürsten sollen erklären, warum sie sich zwischen die Eltern ins Ehebett drängen, Alten und Jungen das Recht auf sexuelle Erfüllung absprechen; sie sollen überhaupt erklären, warum sie am Sexualleben der Laien so interessiert sind, wo sie selbst, jedenfalls katholischerseits, vorgeben, darauf zu verzichten. Väter sollen Töchtern erklären, warum sie meinen, daß Küchendampf Muttergeist fördert, warum Mädchen weniger Anspruch auf Freiheit und Berufsausbildung als Buben

haben. Die Kirchen sollen Mädchen erklären, warum sie Gott zum Mann gemacht haben.
Die Jungen sollen ihren Eltern erzählen, warum sie von daheim abhauen, Drogen nehmen, versuchen, sich selbst umzubringen. Sie sollen erklären, warum sie keine Lust haben, zusammen mit den Eltern spazieren zu gehen, fernzusehen oder auch nur daheim zu sein. Sie sollen den Lehrern erklären, warum für sie Schule langweilig ist und die Bürokraten im Kultusministerium sollen sich in den Schulklassen nach den Lernvorstellungen von Schülern erkundigen. Die Jungen sollen ihren Eltern erklären, warum sie mit Hilfsarbeitern keinen Umgang pflegen und nachts die Mutter am Fenster auf ihre unbestimmte Rückkehr warten lassen.
Es gäbe viel zu besprechen, viele Möglichkeiten, gemeinsam nach Zukunft zu forschen, sich gegenseitig zu erziehen. Die Voraussetzung dafür ist der von Alter und Stärke unabhängige Respekt. Von Mensch zu Mensch. Fast scheint es, als machten wir uns manchmal um die Rechte des ungeborenen Lebens mehr Sorge als um die Rechte geborener Kinder.
Eine andere Gesprächsvoraussetzung ist Zeit. Viel Zeit. Vielleicht soviel, daß sie bequem ausreichen würde, sich einen Mercedes zu erarbeiten oder viele Filme und Discos zu besuchen. Erziehung ist gegenseitiges Hinhören und Zuhören. Niemand weiß von vornherein, wo's lang geht, schon gar nicht für andere, und Erziehung hört nie auf. Selbst wenn man Kindern alle Freiheit dieser Welt gäbe, könnten sie durch deren größtmöglichen Mißbrauch nicht den Lebensunsinn anrichten, den Generationen von Erwachsenen, mutigen Erziehern gehorsam, durch Zerstörung, Pogrome und Genozide begangenen haben. Es lohnt sich, Vertrauen in die Lebensvorstellungen von Jugendlichen zu haben.
Alles spricht heute von Inkulturation, dem Schutz der Kulturen in Entwicklungsländern, bei gleichzeitiger Verwertung des in unserer Zivilisation doch auch enthaltenen Fortschrittes. Wer schützt eigentlich das Mensch-Sein, das nur aufbrechen und sich entfalten kann, wenn schon Jugendliche Freiraum haben? Statt die kulturelle Entwicklung von Jugendlichen zu respektieren, wenn wir sie nicht gleich verstehen können und sie der unseren widerspricht, sperren wir

Jugendliche hinter Normengitter, wie Hunde in einen Zwinger. Was wunder, wenn auch Jugendliche scharf werden und beißen, so sie letzlich doch ausbrechen?

Dieses Buch will am Beispiel einiger Jugendlicher mosaikartig aufzeigen, welche Werte sich in gewährter oder genommener Freiheit entwickeln können. Mit »Erlaubnis« hätte wohl keiner das geschilderte Leben führen können.

Alle Erziehung von oben ist verhindernde, verdrängende Erziehung, die sich auf Verantwortung beruft, aber aus Angst, Intoleranz und Arroganz handelt.

Erziehung muß in unserer Zeit ein partnerschaftlicher Vorgang sein, für den Ungleichheit in Alter, Erfahrung und Gefühlen Voraussetzung ist. Aus dieser Ungleichheit entspringt die Dialektik, die zum Motor der Suche nach gemeinsamem Leben wird. Die utopischen Träume der Jungen eröffnen Perspektiven, die sich nur erahnen, nicht beweisen lassen. Realitätsbezogene Erwachsene lassen sich auch von zusammenbrechenden Utopien nicht so leicht erschlagen. Was soll die Angst vor neuen Wegen, wenn es sich auch auf den bekannten oft nur sinnlos sterben läßt?

Mit abgenommener Brille wird der Leser Werte entdecken, die seine eigenen in Frage stellen. Auch den Gehörschutz möchte ich dem Leser nehmen. Die Sprache dieses Buches ist zum Hören, wird erst plastisch, wenn man sie nicht nur liest, sondern ihr auch zuhört. Wer sich auf die Sprache der Jungen einläßt, steht schon halb in ihrer Welt, wird von ihren Gefühlen betroffen, von Gefühlen, die wir durch konventionelle Sprachregelungen oft auf rein konventionelle Gefühle reduziert haben, die wir in gute und böse ordnen, zufrieden erst, wenn das letzte beurteilende Etikett klebt. Die Sprache gehört den Erzählern, niemand soll sie ihnen stehlen. Wenn »Arsch« sagen schick wird, hat der Ausdruck seine Kraft verloren, gehört er zu einem anderen Milieu.

Wer beklagt, daß der Jugend nichts mehr heilig sei, wird hier tatsächlich Jugendlichen begegnen, die nicht mehr bereit sind, so manchen Götzen ihrer Erzieher anzubeten, das Goldene Lamm der Kirchen zu verehren, ins Karrieredenken von Politikern einzusteigen, Lebensregeln von Schulbürokraten anzunehmen oder sich dem

Prestigedenken der Nachbarn zu fügen. Der Wertverfall findet nicht so sehr bei Jugendlichen statt als bei denen, die Verantwortung an sich reißen. Gerade sie höhlen Werte oft innerlich aus, kleben am Wort als Bekenntnis. So sprechen sie etwa von Gerechtigkeit, unterstützen aber ein Wirtschaftssystem, daß das Reich-Werden nur weniger fördert und in allen den Hunger nach Reichtum weckt. Selbst die helfenden Kirchen meinen, erst selbst wohlhabend sein zu müssen, um helfen zu können. Immer noch Almosen statt Gerechtigkeit. Ist es da nicht erquickend zu lesen, wie *Prem Joshua* und seine Freunde im Mangel zufrieden sind, weniger essen sie freier macht? Man muß nicht Bhagwan-Fan sein, um sich vom einfachen Lebensstil begeistern zu lassen, der Arbeit in den Alltag integriert, sie aufs notwendige Maß reduziert, von überflüssigen materiellen Ansprüchen entlastet und für geistige Ansprüche frei macht. – Jugend ohne Werte?

Oh du gottgewollte Kleinfamilie unter Kirchen- und Gesellschaftsschutz, dein Familiengeist ist zum Hauche abgemagert, auf dem Luftschlauch steht dein Geldsack! Eltern möchten immer reicher werden, damit es ihren Kindern besser geht. Kinderglück als Alibi fürs eigene Fett.

Unser viel plakatierter Grundwert Freiheit, mal mit mal statt Sozialismus wird von H. interpretiert. Lesen sie bei ihm vom Untergang eines natürlichen Spielplatzes. Selbstverständlich schafft die Gemeinde Ersatz durch perfekte Spielplätze, die längst ausgespielt sind, wenn Architekt, Baumeister und Bauherr eine Schulklasse zur Eröffnung beordern, um Kinder im klinisch reinen Sandkasten für die Presse fotographieren zu lassen.

Leider befolgen viele Jugendliche nur zu gerne, was ihre Erzieher und der Boß im Betrieb, Wachstumspolitiker und Wirtschaft von ihnen wollen: sie sollen mehr Autos kaufen, damit die Nachbarn sie respektieren, die Sparkasse beim Nachsparen Zins einstreichen kann, das Gesicht der deutschen Wirtschaft keine Tränensäcke bekommt und im allgemeinen Überflußstand auch die Spenden für wohltätige Zwecke nicht versiegen. Gehorsam kaufen die Jungen immer größere, schnellere Autos auf Kredit, wird im Sommer eine Maschine hinzugefügt. Damit fahren sie sich und andere tot, denn

schließlich muß die ständig steigende Alkoholproduktion auch versoffen werden, damit auch die »Wengerter« (Weinbauern) sich größere Autos kaufen können. Arbeitsplatzsicherung. Hauptsache es wird gearbeitet. – Gedacht wird später.
Irgendwie muß auch die Rüstung finanziert werden. Mit jährlich weltweit 1000 Milliarden DM. So ist das mit der Freiheit zur Sicherheit. Den verdienten ausgleichenden Rüstungslohn gibt's dann im Himmel, wo alle gleich tot sind.
Eltern fällt es oft schwer, zuzuschauen, wie ihre Kinder sich die Freiheit zur Liebe nehmen. Aus Furcht vor unbedachten Folgen werden Beziehungen verhindert, die Schlüssel zur Stabilität Heranwachsender sein können. Zugegeben: der Ausgang einer frühen Freundschaft ist ungewiß und sie selbst kann überfordern. Wer will sich anmaßen zu verantworten, daß dies Jugendliche nicht selbst verantworten?
Kann das tastende Suchen nach Freundschaft und Liebe, mit all den Rückschlägen, Spannungen, Enttäuschungen und Hoffnungen nicht viel eher die Grundlage zum Erlernen sittlichen Handelns sein als die simple Befolgung juristischer Normen, die auch zur Rechtfertigung rücksichtslosen Handelns und sogar der Gewalt dienen können? Wer die Erzählungen liest, wird nicht leugnen können, daß Jugendliche den Motiven ihres Handelns nachspüren, Kriterien für ihr Handeln entwickeln, nach denen sie sich dann zu richten versuchen. In einer immer technischer werdenden Welt messen sie Gefühlen entscheidende Bedeutung bei. Ist es nicht an uns Erwachsenen, von ihnen zu lernen?
Zum Drogenproblem. Es läßt sich nicht mit Vorschriften und polizeilichen Mitteln lösen, wohl auch nicht durch wirtschaftliche Veränderungen in den Mohnanbaugebieten. Schon kommen neue, spottbillige, fast von jedem herstellbare Drogen auf den Markt. Nur wenn sich die Lebenssituation der nach der Droge suchenden Jugendlichen verändert, wird auch ihre Suche aufhören. *Prem Joshua* schildert Entwicklungsprozesse. Mancher Leser wird ganz andere Schlüsse ziehen, er wird aber sicher nicht den Wert dieser Auseinandersetzung abstreiten können, die sich nicht durch AOK-Aufklärungsschriften ersetzen läßt. Widersprüche bleiben, auch

Ratlosigkeit bei den Erzählern. Die Situation jedoch wird tiefer ergründet als von so manchen Pädagogen, die gar nicht genau wissen, aus welchen undifferenzierten Ängsten heraus sie mit Disziplinarmaßnahmen reagieren.
Ich möchte durch diese Einleitung, an Hand von Beispielen, einen Paßschlüssel zum Anliegen des Buches geben. Es wäre schade, wenn die Erzählungen der Jungen mit Moralin in den Augen gelesen würden.

Ausländer raus!

Das folgende Gespräch mit zehn Lehrlingen und Gymnasiasten habe ich 1979 geführt. Diese Tatsache ist bemerkenswert, weil sich bereits damals, also noch in der Zeit wirtschaftlichen Aufschwungs, die zunehmende Ausländerfeindlichkeit schon massiv bemerkbar machte und durchaus voraussehbar war, daß sie sich auch ohne wirtschaftliche Rezession verstärken würde, wenn man der Entwicklung nicht Einhalt geböte. – Das Problem wurde nicht beachtet. Ansätze zum Ausbau der Integrationshilfen wurden inzwischen wieder abgebaut und nicht nur das: die bereits vorhandene Ausländerfeindlichkeit wurde durch die verschärfte Handhabung der ohnehin schon begrenzten Rechte der Ausländer, insbesondere der nicht EG-Angehörigen, sogar entscheidend gefördert. Statt zusätzlicher Hilfe gibt es weitere Repression. Die heutige Ausländerpolitik entbehrt der moralischen Grundlage. Wer für Ausländer Familienzerreißprogramme entwickelt, indem er das Höchstzuzugsalter für Kinder auf sechs Jahre festsetzt, wer Ehepaare durch Wartefristen für Jahre voneinander trennt, wer Menschen, die arbeiten wollen und auch können, das Arbeiten verbietet, der soll um Gottes Willen aufhören, sich christlich zu nennen, von Elternrechten zu schwatzen, sich zu Menschenrechtskonventionen zu bekennen. Politiker, die den zunehmenden Rechtsradikalismus beklagen, heucheln, wenn sie ihm gleichzeitig das Bett zur Proliferation bereiten.
Die Teilnehmer des folgenden Gesprächs haben im Jugendhaus viel zerstört. Ihre Zerstörung rechtfertigten sie mit der großen Anzahl von ausländischen Jugendhausbesuchern. Sie wollten damit Druck aufs Jugendhaus ausüben. – Wir haben dem Druck zwar nicht nachgegeben, doch ist es uns auch nicht gelungen, die Grundansichten der Gesprächsteilnehmer zu verändern. Dies mag als Beispiel für den Windmühlenkampf der Sozialarbeit verstanden werden.
In Fellbach wurde vor drei Jahren, und auch wieder im vorigen Herbst, eine italienische Fahne verbrannt. Die Täter frequentierten auch das Jugendhaus.

Was denkt ihr über die ausländischen Jugendlichen, die ins Jugendhaus kommen?

– Die sollen raus.

– Weil sie alle Stunk machen, jeder.

– Daß die mich meistens nerven. Man hört gar kein deutsches Wort mehr im Jugendhaus, da wird man mit der Zeit verrückt.

– In der Disko ist's die halbe Zeit voll von denen, und wenn man ein bißchen Platz haben will, wird gleich Theater gemacht und Schlägerei angefangen. Gleich gehen wir raus, fangen wir an, gehen wir raus. Die können nicht normal mit einem reden.

– Die sind so aufdringlich, da betatschen sie einen und alles. Da kommen sie her und wollen gleich mit einem schlafen und so, das kotzt mich an.

– Da bin ich dringesessen an der Theke, auf einmal ist einer hergekommen, weil, wir haben über was geredet und das hat er nicht richtig verstanden und gleich gemeint, es sei über ihn geredet worden, und dann hat er gleich angefangen, Stunk zu suchen. Und genauso ist es mit den meisten Ausländern.

– Die meinen auch immer, bei den Diskos würde es ohne sie nicht gehen, also sie können es am besten und unterdrücken dann immer die anderen, welche es nicht so gut können.

– Und wenn mal einer frech wird und man will den hauen, dann stehen gleich immer 20 rum um einen, das ist ja auch unmöglich. Einer gegen einen gibt's bei denen nicht, wenn sie frech werden.

– Da ist einer dran und sucht Stunk, und dann komm ich her, und es stehen gleich 50 Mann um einen rum, das ist auch Scheiße, oder?

– Mich haben schon einmal vier Stück verfolgt, die hab ich schier zusammengeschlagen, da haben sie Holzprügel geholt, da haben sie noch einmal Glück gehabt.

– Wenn sie merken, daß sie schwächer sind, dann müssen sie irgendeinen Gegenstand holen, Holzprügel oder so was. Dann haben sie sich verkrochen, und wir haben sie in Ruhe gelassen. Denn von einem Holzprügel will auch keiner was abkriegen.

Hat jemand von euch schon mal eine richtige Schlägerei mit einem Ausländer gehabt?

– Wenn ich mit einem eine Schlägerei anfangen will, und ich weiß, daß in den nächsten fünf Minuten noch fünf Stück dastehen, wie soll ich denn dann anfangen? Da ziehe ich ja den Kürzeren.

– Ja, das stört mich, daß ich in meinem eigenen Land, wo ich geboren bin und meine ganzen Vorfahren, daß ich da vor irgendwelchen Reingeschmeckten, die da angeblich zum Arbeiten kommen, Angst haben muß und mich da einschränken muß.

– Ich glaub, das kotzt uns fast alle an. Das ist das hauptsächliche Problem, daß wir im eigenen Land vor den Scheißmalacken Angst haben müssen.

– Die gehören abgeschoben, dahin, wo sie herkommen.

– Wenn sie sich nicht benehmen können, sollen sie wieder dahin, wo sie hergekommen sind. Vielleicht ist es dort besser für sie.

– Abschieben, wo sie herkommen.

Was soll mit den vielen ausländischen Jugendlichen, die in Fellbach sind, geschehen?

– Das kann mir egal sein, wo die hingehen. Wenn wir nach Italien gehen, müssen wir uns auch fügen, wir Deutschen. Wir müssen uns denen in Italien anpassen, und in Deutschland können die sich anpassen. Nicht wir uns denen. Die denken, die können hierherkommen und machen.

– Die sollen sich uns anpassen, nicht umgekehrt.

Bei was hast du das Gefühl, daß sich die Gastarbeiter nicht euch anpassen?

– Bei allem, wenn sie nur hier reinkommen, da paßt sich gar nichts an.

– Bevor man ins Haus rein kann, da rempeln sie einen im Eingang an und fangen gleich eine Schlägerei an.

– Beim Essen, das finde ich unmöglich, echt. Das ist ein Angebot für Jugendliche, denen es daheim nicht geschmeckt hat an dem Tag, damit sie da unten für vier DM gut essen können. Aber nein, da sitzen immer ganze Malackerfamilien unten, wie in einer Beiz und

fressen da und tun. Und dann lassen sie alles stehen, und die Hälfte liegt auf dem Tisch rum, das ist unmöglich, und dann wundern sich die Sozialarbeiter, wenn da unten Teller kaputtgehen, das ist ja klar, wenn da alles auf den Tischen rumsteht und überall die Malakker rumhängen.
(Anmerkung des Fragestellers: Es gibt einzelne, ältere Italiener, die am Wochenende mal im Jugendhaus essen. Familien waren noch nie da, Mütter kommen überhaupt nicht ins Haus. – Die interviewte Gruppe hat wiederholt Tische im Eßraum abgeschraubt, Teller kaputt geschlagen).
– Das sind die, die ihre dicken Daimler verkaufen und hier gescheit essen.

Sollte die EG aufgelöst werden?
– Nicht unbedingt, aber so wie jetzt ist es Scheiße.
– Bin schon dafür, daß die EG aufgelöst wird, wird ja von uns finanziert. England, Italien . . . ja, für die mitzahlen. Wenn Spanien dazukommt oder Griechenland, dann dürfen wir die auch noch mitfinanzieren.
– Warum sollen wir denen ihre Arbeitslosen auch noch nehmen, wir haben ja selber genug. Da brauchen wir denen ihre nicht noch zusätzlich.

Sollen die in Fellbach wohnenden ausländischen Jugendlichen ins Jugendhaus kommen dürfen?
– Man kann sich aus dem Weg gehen, die Eingänge könnten getrennt werden, wo die reinkönnen und wo wir reinkönnen. Dann wäre nämlich Ruhe.
– Das müssen wir aber auch wieder finanzieren. Das ist nicht egal.

Zahlen die Ausländer keine Steuer?
– Da ist aber ein großer Unterschied, würde ich sagen. Da zahlen wir alle drauf.

Gibt es jemanden, der mit einem ausländischen Jugendlichen gute Erfahrungen gemacht hat?

– Ich glaube kaum. Vielleicht zwei, drei Stück, die man lassen kann.

– Selten. Es gibt auch Anständige darunter, aber...

– Es gibt schon auch gute Ausländer darunter, aber wenige, aber die kann man auch mit abschieben. Die müssen eben darunter leiden.

– Ich habe früher mal in der Hauptschule einen in der Klasse gehabt, der war echt in Ordnung, mit dem hat man reden können, der war auch öfters im Jugendhaus, der hat keinen Scheiß gemacht, der hat nicht großartig das Maul aufgerissen, der hat sich sozusagen benommen wie wir, wie ein Deutscher. Wieso können das die anderen nicht auch?

– In Hedelfingen, da gibt's ein Jugendhaus, da kommen gar keine Ausländer mehr rein, auch sowas ähnliches wie bei uns, die haben eine Selbstverwaltung gekriegt, alle Ausländer verboten, in Hedelfingen.

– Von mir aus sollen sie in ein anderes Jugendhaus gehen, aber nicht in das, wo wir sind. Oder kriegen wir ein anderes?

– Von den deutschen Weibern sollte man sie trennen. Ich glaub, die sind da selber schuld. Ich weiß auch nicht, was die Weiber an den Malakken finden. Da fragt man eine, und dann heißt es: ja, die sind zuvorkommend, höflich, charmant, ja noch mehr.

– Die Weiber gehören auch gleich abgechoben, entweder sind sie Deutsche oder Ausländer, eines von beiden. Es kommen immer weniger deutsche Jugendliche ins Jugendhaus.

– Die Malacker sind ja Hilfsarbeiter, und die verdienen ja ganz saumäßig, und die haben also Geld in der Hand, große Autos ... deshalb gehen die Mädchen zu denen.

– Die haben eben mehr Geld, große Autos, haben schöne Kleider an, Diskokleidung, die sie anhaben, da fallen die Mädchen drauf rein.

– Und jetzt raten Sie auch mal, wie lang ein deutsches Mädchen mit einem Ausländer geht? Höchstens vielleicht eine Woche oder drei Tage länger, da könnte ich wetten.

– Erst einen Ausländer und dann der nächste, von einem zum anderen. Was weiß ich, was die machen, aber ich kann's mir vorstellen.

Das kommt bei Deutschen nicht vor?

– Glaub ich nicht. Ich würde meine Freundin nicht weitergeben an den Nächsten nach einer Woche oder so.

– Ein Daimler ist halt was anderes als eine 250er.

– Und die sind auch älter, das kommt auch noch dazu.

– Ja, da hinten ist ein Auffüllplatz, da können sich die Malakken austoben.

Manche ausländische Jugendliche sind ungefragt von ihrer Familie mitgenommen worden . . .

– Dann können sie ja jetzt gehen, wenn sie mit der Familie gekommen sind. Sie sind ja erwachsen, oder?

– Wenn sie nicht selber entscheiden können, daß sie nicht freiwillig hergekommen sind, und die können alle zurückgehen nach Italien, das sind für mich aber die letzten . . . weil sie nicht einmal ihre eigene Entscheidung haben oder ihren eigenen Willen. Ich muß es selber sagen können, wenn ich aus Italien komme und liebe meine Heimat, dann muß ich auch sagen können, ich gehe allein zurück. Da kann mich meine Familie am Arsch lecken.

– Ich finde das auch blöd, die Italiener, die herhergekommen sind, der fährt einmal heim im Urlaub, knackt da seine Alte, schiebt da einen Kegel, und die Deutschen zahlen dann Kindergeld da runter. So mach ich's auch mal. Gehe nach England, komme einmal im Jahr auf Urlaub und knack meine Alte und geh wieder . . .

– Die gehören vergast, die Kanakken.

– Oben eine Grube ausheben, am Müllplatz da oben, dann rein, zukippen und fertig, aus.

– Eine Maschine zulegen und mit den Kanakken Hindernisfahrt machen, voll rein.

– Es gibt Menschen und Untermenschen, das ist ein Unterschied bei uns.

– Für mich gibt's auch eine Art: entweder ist es ein Neger, total schwarz oder ist er weiß, richtig weiß, nicht so eine Mischung da, so einen Mischmasch durch die ganze Welt.

– Einer ist schon zuviel hier drin. Egal ob Balg oder Opa. Kanack ist Kanack, und die gehören nicht hier rein ins Jugendhaus.

Wo gehören sie Deiner Meinung nach hin?
– Nach Auschwitz oder sonstwohin.
– Nach Italien, wo sie herkommen.

Wer hat sie denn eigentlich angeworben?
– Ja, zum Schaffen waren sie recht, aber dableiben brauchen sie nicht. Jetzt können sie wieder gehen. Die sind gut bezahlt worden, was wollen die noch mehr?
– Wir haben die mal gebraucht, aber jetzt nicht mehr. Die Drecksarbeit machen wir auch selber, wenn es sein muß. Wir haben nämlich so viele Arbeitslose bei uns.
– Man kann sagen, von 20 sind 2, die richtig hinlangen. Die anderen die hauen sich irgendwo hin, also mal 14 Tage krank, zum Arzt, ich kann nichts mehr arbeiten.
– Ein Beispiel: ein Ausländer hat innerhalb von einem halben Jahr sieben oder acht Ärzte gewechselt, warum? Nur um krankgeschrieben zu werden.
– Das schaff nicht einmal ich.

Denken Eure Eltern ähnlich?
– Mein Vater ist gleich wie ich, meine Mutter nicht so. Sie streiten sich ab und zu drüber.
– Ich hab mit meinen Leuten eigentlich noch gar nicht darüber gesprochen, ich weiß auch nicht, was für eine Meinung die haben.
– Also, meine Mutter hat die gleiche Meinung wie ich, absolut übereinstimmend.
– Mein Vater hat die gleiche Meinung, meine Mutter nicht.
– Meinen Vater regen auch die Malakken auf, meine Mutter nicht.
– Ich hab über dieses Thema noch gar nicht geredet, weil das gar nicht interessant ist zu Hause.
– Ich weiß nicht.
– Mein Vater kann keine Italiener leiden.
– Meine Leute haben die gleiche Einstellung wie ich. Meine Mutter zwar weniger, aber mein Vater dafür.
– Bei meiner Mutter ist es auch so, und mein Vater hat mit denen halt immer bloß Geschäfte gemacht und hat sie übers Ohr gehauen.

– Bei mir ist es gerade umgekehrt, meine Leute sind demokratischer, und sagen, das sind auch Menschen, und ich sag das Gegenteil.
– Mein Vater und meine Mutter haben die gleiche Meinung wie ich.
– . . . die gehören vernichtet, aber radikal.

Was denkt ihr über die Juden zur Hitler-Zeit?
– Denen ist es so gegangen, wie es ihnen gehört.

Denken deine Leute ähnlich?
– Mein Vater hat nichts gegen Juden.
– Was hat das alles denn mit den Juden zu tun?

Fragesteller: Nur weil von euch verschiedene Beispiele gebracht worden sind, wie »die sollen vergast werden, wie die Juden in Auschwitz«, deswegen frage ich das über die Juden.
– Juden und Italiener sind Ratten, die sind minderwertig. Da mach ich keinen großen Unterschied.
– Das finde ich also nicht. Juden, das waren ja auch quasi Deutsche, die haben mit uns gekämpft.
– Italiener haben auch mit uns gekämpft, und was haben sie gemacht? Den Schwanz eingezogen . . .

Kommentar

Die Diskussion spiegelt in realistischer Heftigkeit den Stand der Beziehungen zwischen jungen Deutschen und Gastarbeitern wider. Bundesweit wird unter Lehrlingen und Gymnasiasten die Diskussion ähnlich geführt, wenn auch nicht immer in dieser verbalen Radikalität. Die Ursachen des Zustandes liegen zum Teil in der Gastarbeiterpolitik, die wiederum von wirtschaftlichen Interessen geleitet wurde und wird. Nun kann sich die Wahrnehmung wirtschaftlicher Interessen durchaus zum Vorteil aller Beteiligten auswirken und es ist gewiß nichts gegen sie einzuwenden – solange die wirtschaftlichen Interessen nicht zu den ausschlaggebenden Maximen der Politik und andere Interessen deshalb vernachlässigt werden. Der Kern der Gastarbeiterpolitik wird durch einen Diskussionsteilnehmer in einem Satz zusammengefaßt: »Ja, zum Schaffen waren die (Ausländer) recht, aber dableiben brauchen sie nicht (wenn wir sie zum Schaffen nicht mehr brauchen.)« – Natürlich wird offiziell nicht so formuliert. Die Bundesregierung beschäftigte sogar einen eigenen Beauftragten für ausländische Arbeitnehmer. Das Kühn-Memorandum vom Herbst 1979, das die Forderungen einer menschlichen Gastarbeiterpolitik auf den Tisch gelegt hat, ist bald in den Tischschubladen verschwunden. Heute spricht kein Mensch mehr davon.

Beurteilt man eine Regierungspolitik nicht nach den Sonntagsreden der Politiker sondern nach ihren Taten, die in Gesetzen ihren Ausdruck finden, so ist die oben zitierte Maxime durchaus auch Regierungsmaxime. Sie bedient sich zweierlei Methoden: durch sogenannte Rückkehrhilfen soll die freiwillige Heimkehr attraktiv gemacht und durch die gesetzliche Einschränkung von Rechten der Aufenthalt in der BRD vergällt werden.

Zu den Rückkehrhilfen (für Nicht-EG-Mitglieder) muß leider gesagt werden, daß sie ein Versuch sind, Gastarbeiter zu übertölpeln. Da wird die Kapitalisierung von Rentenansprüchen als Grundlage einer Existenzgründung in der Türkei angepriesen, obwohl man weiß, daß diese Voraussetzung allein niemals ausreicht. (Deutschen Arbeitern schlägt man zur Bekämpfung der Arbeitslosigkeit auch nicht die Kapitalisierung ihrer Rentenansprüche vor.) Von den vorgesehenen gesetzlichen Neuregelungen soll nur eine herausgegriffen werden: die Bestimmung, die weiteren Familiennachzug dadurch verhindert, daß Kinder, die älter als sechs Jahre sind und noch im Ursprungsland leben, nicht mehr zu ihren Eltern nach Deutschland nachziehen dürfen. – Das deutsche Wirtschaftswunder soll nicht von Türkenkindern aufgefressen werden.

Eine rein ökonomisch begründete Gastarbeiterpolitik behandelt Gastarbeiter nicht als Menschen, sondern als Ware, als regulierende Verschubmasse zum Ausgleich von Konjunkturschwankungen. Die Schweiz mit ihrem Rotationsprinzip dient als nachahmenswertes Beispiel. (Leider!)

Von einem solchen Gastarbeiterverständnis ist es nur mehr ein Schritt zum Verständnis des Gastarbeiters als Sündenbock in Zeiten der Rezession. Er nimmt dem deutschen Arbeiter Brot und Arbeit weg. Auf diesem Nährboden keimt – wie man weiß – auch Faschismus. Die Ursachen der Ausländerfeindlichkeit sind aber nicht nur in der Ausländerpolitik verankert, sondern auch in unserem Menschenbild, in unserem Wertsystem. Zwischen diesem und der Politik besteht schließlich eine Wechselbeziehung. Das materialistische Denken, das auch die Grundlage unserer Marktwirtschaft ist, gründet in der Gleichstellung von Reichtum und Glück, größerem Reichtum und größerem Glück. In Zeiten der Rezession stehen Gastarbeiter diesem Glück im Wege. – An Hand des berühmtberüchtigten »Heidelberger Manifests« deutscher Professoren wiederum lassen sich rassistisch-faschistische Begründungen für die verlangte Heimkehr von Gastarbeitern nachweisen.

Unter diesen vorgegebenen Rahmenbedingungen, die hier nur sehr dürftig skizziert werden konnten, wachsen deutsche Jugendliche auf. Es wäre verwunderlich, wenn es unter ihnen keine Ausländerfeindlichkeit gäbe. Pädagogik muß sich immer wieder selbst fragen, wohin sie erzieht, zu welchen Werten, in welches Gesellschaftssystem. Pädagogik darf nicht zum unkritischen Anpassungsinstrument für ungeprüfte Interessengruppen werden, Erzieher dürfen nicht blinde Handlanger einer in diesem Punkte menschenverachtenden Ausländerpolitik werden.

Eine Umkehr muß auch an der Basis ansetzen, dort, wo konkret, im Kleinen noch etwas gemacht werden kann. Erzieher werden zur Veränderung der großen Politik am besten durch kleine praktische Schritte beitragen können.

Der Unterschied zwischen den verschiedenen Kulturen, Religionen, Lebensgewohnheiten, ökonomischen Verhältnissen der jeweiligen Gastarbeiter und der mit ihnen in Kontakt kommenden Deutschen ist so groß, daß ein friedliches Zusammenleben ohne Hilfen auf allen Ebenen nur selten möglich ist. Es wird für Pädagogen kaum möglich sein, über Einzelfälle hinaus Gastarbeitern elementare ökonomische Hilfen zu geben: Arbeitsplätze zu beschaffen, menschenwürdige Wohnungen zu vermitteln, Ausbildung zu ermöglichen. Andererseits haben gerade kirchliche Mitarbeiter in der Jugendarbeit oder in der Schule gute Möglichkeiten zur Integrationshilfe. Mit ein paar Beispielen möchte ich dies belegen.

Es fällt auf, daß Gastarbeiter in Kirchengemeinden kaum integriert sind, katholische nicht, Mohammedaner schon gar nicht. Kirchengemeinden wirken wie katholische Nationalkirchen. Von der Universalität der Kirche ist da wenig zu spüren. Hier muß zunächst einmal ein Problembewußtsein geschaffen werden. Vielleicht muß man sich als Pfarrer erst mal selbst fragen, wo man eigentlich steht, ob man Gastarbeiter nur »in Christo« oder wirklich liebt? Vielleicht kommt man bei dieser Reflexion darauf, daß es nicht nur ein Problem zwischen Kirchen und Gastarbeitern, sondern ein Problem zwischen Kirche und Arbeitern gibt.
Wenn die Kirche sich für Gastarbeiter öffnet, heißt dies: die Gemeinde öffnet sich. Gemeindemitglieder suchen gezielt Kontakt zu Gastarbeitern, besuchen sie und laden sie ein, ziehen ihre Kinder nicht aus Schulklassen mit hohem Ausländeranteil zurück. Der Phantasie sind hier keine Grenzen gesetzt.
Gastarbeiter, jung und alt, leiden vor allem unter Sprachschwierigkeiten. Sie sind eine Hauptursache von Benachteiligung. Kinder kommen deshalb in die Sonderschule, Arbeitswillige finden deshalb keine Lehrstelle, Mütter leben ohne nachbarschaftliche Kontakte wie eingesperrt zu Hause. Eines der größten Veräumnisse in der Ausländerpolitik war die Vernachlässigung des deutschen Sprachunterrichtes. In letzter Zeit wurden begrenzte Sprachförderprogramme aus finanziellen Gründen wieder abgebaut. Sowohl in der offenen Jugendarbeit als auch in Schulklassen ist es möglich, deutsche Jugendliche zu Sprachunterricht für Ausländer zu motivieren.
Deutsche Jugendliche erheben, ähnlich wie ihre Eltern, vor allem den Anspruch, daß Gastarbeiter sich an deutsche Lebensverhältnisse anzupassen haben. Sie selbst haben von anderen Lebensgewohnheiten keine Ahnung, kommen gar nicht auf den Gedanken, daß es nicht um einseitige Anpassung geht, sondern um gegenseitige Bereicherung gehen könnte. Informationen über die bodenständige Kultur und Geschichte der Gastarbeiter sind also wichtig, können sogar zum Studium einer Gastarbeitersprache motivieren. Das Interesse läßt sich durchaus wecken, besonders wenn Jugendliche persönliche Kontakte, Freundschaften entwickeln.

Offene Diskussion der Vorurteile. Ich meine, daß in Klassen, Cliquen und Jugendgruppen Gastarbeiterdiskussionen angeregt werden sollten, ähnlich wie die eingangs wiedergegebene Diskussion. Vorurteile sollen ausgespuckt, ihre Wurzeln aufgedeckt werden. Dabei wird sich herausstellen, daß Jugendliche auch mit jungen Gastarbeitern persönlich befreundet sind, oder den Kumpel aus der Klasse von ihren Vorurteilen ausnehmen. »Der ist anders.« Dies weist darauf hin, daß viele Vorurteile eher emotional als rational begründet sind und daher auch emotional abgebaut werden müssen. Die emotionale Begegnung zwischen Einheimischen und Ausländern verdient jede Förderung. Feste, Freizeiten, gemeinsame Benutzung von Werkstätten (wobei sich Jugendliche aller Nationen automatisch gegenseitig helfen), Sportveranstaltungen können ein Weg dazu sein. Konzerte, Diskos, von Ausländern zubereitete Nationalgerichte helfen Brücken schlagen.
Eltern ausländischer Kinder und Jugendlicher befinden sich in großen Erziehungsschwierigkeiten, die ihnen oft nicht einmal bewußt sind. Meist erziehen sie zunächst so, wie sie selbst erzogen worden sind, ohne die veränderten Lebensbedingungen zu berücksichtigen. Sie sozialisieren für die Türkei. Das Mädchen lebt aber in einer deutschen Umgebung, möchte sich den Freund selbst aussuchen, nicht vom Vater bestimmen lassen. Es möchte auch nicht dem Bruder gehorchen müssen, nicht zu Hause eingesperrt sein. Da spielen sich richtige Tragödien ab. Wer hilft diesen Eltern und ihren Kindern bei der Erziehung? Ein weites Aufgabenfeld, das nach persönlicher Mitarbeit schreit, vom Staat gar nicht abgedeckt werden kann.
Einem friedlichen Zusammenleben stehen oft auch religiös begründete kulturelle Unterschiede im Wege. Durch die bessere Kenntnis der fremden Religionen könnte ein besseres gegenseitiges Verständnis geschaffen werden; eine praktische Verwirklichung einer viel weiter verstandenen Ökumene, die bisherige innerchristliche Querelen zu Lappalien degradiert.
Die Ausländerproblematik ist ein gutes Beispiel dafür, wie sich aus hautnahen Problemen Jugendlicher pädagogische Aufgaben ergeben können, die nur gemeinsam mit den Jugendlichen selbst zu lösen sind.

Ab in den Knast

Peter (Name geändert), 19 Jahre alt, wohnhaft in Fellbach bei Stuttgart, wird in knapp zwei Monaten seine Ausbildung als Werbetechniker abschließen. Der ehemalige Sonderschüler lebt allein in einer Wohnung, die ihm seine gut situierten Eltern zur Verfügung gestellt haben, als sie ihn kurz nach seinem 18. Geburtstag von daheim rauswarfen.

Peter war vor einiger Zeit in betrunkenem Zustand an einem Einbruch beteiligt, hat sich bald danach selbst der Polizei gestellt. Vor der Gerichtsverhandlung traf er sich einmal mit Herrn T. von der Jugendgerichtshilfe, der sich über seine sozialen Verhältnisse informierte. Nach Peters Aussage wurde nicht darüber gesprochen, wie er sich bei der bevorstehenden Gerichtsverhandlung verhalten, ob er z. B. einen Rechtsanwalt beiziehen solle. So trat er ohne Rechtsbeistand an.

Richter F., vom Amtsgericht Waiblingen, verurteilte ihn zu zwei Wochen Arrest, unbedingt. Jugendgerichtshelfer T. war mit dem Urteil einverstanden. Selbst der Richter fand es etwas ungewöhnlich, daß der Vater des Jungen auf eine entsprechende Frage des Richters sinngemäß antwortete, daß er nichts sagen wolle, weil alles, was er sagen könne, nur seinen Sohn belasten würde.

M. H., Sozialpädagogin im Jugendhaus Fellbach (das von Peter regelmäßig frequentiert wurde), war bei der Verhandlung anwesend. Sie wies darauf hin, daß Peter noch nicht vorbestraft sei und sich selbst der Polizei gestellt habe und schlug vor, die Strafe zur Bewährung auszusetzen. Der Richter lehnte dies ab. Daß Peter die Namen der Mitbeteiligten nicht nenne, zeige, daß er verstockt sei, es deute darauf hin, daß er der Anführer gewesen sei.

Nun schrieb der Jugendhausleiter, durch frühere Erfolgserfahrungen ermutigt, ein Gnadengesuch: »... Ich möchte Sie (Richter F.) bitten, die von Ihnen verfügte Strafe in eine Ihnen angemessen erscheinende Arbeitsauflage umzuwandeln. Da Peter ein regelmäßiger Jugendhausbesucher ist, halte ich es für gegeben, daß durch eine Arbeitsauflage, die durch einen Sozialarbeiter überwacht wird, eine positive Weiterentwicklung stattfindet.«

Die Antwort darauf erhielt er von Richter L. vom Amtsgericht Göppingen, wohin sich inzwischen die Zuständigkeit verlagert hatte: »... Nach Prüfung des Sachverhaltes wird das für den Verurteilten gestellte Gnadengesuch gem. §§ ... abgelehnt, da keinerlei stichhaltige Gründe für einen Gnadenerweis erkennbar sind und deshalb sowohl das erkennende Gericht als auch die Staatsanwaltschaft auf der Arrestvollstreckung bestehen.«

Zu Knast und Vorgeschichte erzählt Peter:

»Ich habe noch 2½ Gramm Shit gehabt, die wollte ich unbedingt vernichten und da habe ich sie gefressen. Ich war noch voll da, aber die beim Knast haben behauptet, ich hätte was gedrückt, ich soll zur Polizei gehen, mich untersuchen lassen, sie würden mich heute nicht nehmen, ich soll morgen wiederkommen. Die waren eiskalt. Ich war von allen möglichen Leuten vollgequatscht, die gesagt haben, ich müsse unbedingt hin. Das sei ganz locker da, zwei Wochen, die würde ich mit links abreißen. – Da hat mich die Frau von der Drogenberatungsstelle wieder heimgefahren und ich bin am nächsten Tag mit dem Zug hin.

Sie haben mich in eine Einzelzelle gesperrt. Pritsche, Stuhl, Tisch, Toilette, Gitter und keine Arbeit. Da bin ich da dringehockt und habe die ganze Zeit gesagt, daß ich was arbeiten möchte, weil man da echt verrückt wird, wenn man den ganzen Tag in der Zelle drinsitzt, man nur für eine Stunde Rundgang am Tag rauskommt. Ich habe tagsüber geknackt, nachts bin ich wachgelegen, hab' nicht mehr schlafen können. Die letzten vier Tage habe ich gedacht, daß ich jetzt so langsam einen Schatten abkriege in der Zelle, daß ich irre werde da drin, regelrecht verrückt. Das Schlimmste fand ich, daß ich nicht schaffen konnte. Einmal habe ich mit dem Psychologen geredet. Dem habe ich erzählt, daß ich statt Knast eine Arbeitsauflage beantragt hatte und dies vom Richter abgelehnt worden war. Der Psychologe hat nur gesagt, er könne sowieso nichts machen, er würde eben die Leute kriegen und müßte drauf aufpassen, daß nichts passiert, daß in der Zelle niemand krepiert. Ich habe ihm gesagt, daß dies wohl ein ziemlich undankbarer Beruf sei, wenn er nichts verändern könne und nur aufpassen muß, daß die Leute nicht runterfahren.

Am Tag wo ich rausgekommen bin, bin ich abends ins Stammlokal und habe mir die Birne brutal zugemacht. Freunde getroffen, erst mal eine Runde begießen. Ich war nicht nur bekifft, ich habe auch einen Trip geworfen. – Am nächsten Tag im Geschäft war ich hackezu, habe keinen Durchblick geschoben. Die haben mich ins Büro gerufen und mir erst mal klar gemacht, was für ein Verbrecher ich bin und daß ich die Firma befleckt habe. Solche idiotischen Stories, die keinen Sinn und keinen Zweck haben. Die man auftischt, damit es so aussieht, als ob man selber astrein wäre. Die haben mir auch gesagt, daß sie mich nun nach der Lehre nicht übernehmen können.

Am Wochenende hab ich mir dann die Birne wieder total zugemacht. Shit und Trips. Auch noch am Montag und am Dienstag und dann wieder am Wochenende. Ich weiß nicht, wie das weitergehen soll. Irgendwann werd' ich wahrscheinlich dran krepieren. Ich werde halt versuchen, das so lange wie möglich hinauszuschieben. Die zwei Wochen Knast habe ich wegen einem Bruch bekommen. Wir haben etwas gesoffen gehabt, wollten im Städtle Radau machen. Haben Flaschen rumgeschmissen, gegrölt. Vor einem geschlossenen Lokal hat einer gemeint, da gibt's noch was zum Trinken. Da haben wir halt nur noch ans Trinken gedacht und sind bei einem Fenster hineingekrabbelt. Erst als wir dringestanden sind – wir waren zu viert – ist mir auf einmal klar geworden, was abgeht. Ich und nochmal einer sind zuerst wieder rausgegangen. Ich bin heim, habe mich ins Bett gelegt. Die anderen haben inzwischen Scheiben eingeschlagen, Zigarettenautomaten von der Wand gerissen, alles geplündert und dann sind sie zu mir und haben mich geweckt, haben mich nochmal geholt und ich Arschloch bin mitgegangen. Da gehört echt viel Blödheit dazu, daß man dann nochmal mitgeht.

Dann haben sie das Zeug auf einen Leiterwagen verfrachtet und zu mir gekarrt. Da lag es dann. – Ich war total runter mit den Nerven und habe mich selbst der Polizei gestellt wegen Nervenzerrüttung. Dann haben sie mich für zwei Wochen verknackt. Das hat die gar nicht gejuckt, daß ich mich selbst gestellt habe. Ich würde nach einem Bruch jedem raten: schmeiß das Zeug irgendwo in den Wald.

Wenn du freiwillig zur Polizei gehst, sie gar nichts weiß und du sagst, hier bin ich, da ist das Zeug, das bringt gar nichts.
Dreimal habe ich versucht, mich umzubringen. Die ersten beiden Male war Show und Spiel dabei, das letzte Mal war es ernst.
Soweit ich mich zurückerinnern kann, hat meine Mutter mich herumgeprügelt. Bin vom Kindergarten gekommen, habe in der Küche helfen müssen, Kuttereimer leeren, einkaufen. Einmal ist mir eine Tasse runtergefallen beim Spülen. Da hat sie mich rumgeschlagen bis ich geblutet habe. Die hat mich nicht geschlagen, so wie man jemand schlägt mit der Hand oder vielleicht mit der Faust. Meine Mutter hat mir die Haare büschelweise rausgerissen, hat mich gekratzt, also echt ins Fleisch reingekrallt und hat mich gebissen, so daß ich blutete und hat mich gestaucht, ist also auf mir rumgetrampelt. Solche Sachen hat meine Mutter gemacht. Wenn mein Vater mich geschlagen hat, habe ich gewußt weswegen. Da konnte ich es akzeptieren. Mein Vater hat beim Schlagen mit dem Gummischlauch gezielt. Ich habe ihn deshalb nicht gehaßt. Ich habe dann auch Striemen am Körper gehabt, daß alles zu spät war. Aber meine Mutter hat nicht gezielt. Der war die Hauptsache, sie trifft mich, egal wohin. Einmal hat sie mir einen Zahn rausgeschlagen.
Meine Mutter hat mich geschlagen, bis ich 17 war, bis ich endlich genügend Mut hatte, ihr zu sagen, wenn du es nochmal machst, dann schlage ich zurück. Jetzt, mit 19, könnte ich besser verkraften, wenn sie mich schlagen würde. Aber damals war ich so ein kleiner Wurm und sie ist auf mir rumgesprungen, wie wenn man einen Boden festtreten will. Trotzdem waren die Prügel nicht das Schlimmste, schlimm war, daß ich meine Mutter gern gehabt habe und daß ich mir wünschte, daß sie mich auch gern hat. Meine Mutter hat versucht, mir das Gefühl zu geben, daß ich noch weniger bin als unser Hund. Mich hat sie fertig gemacht und zum Hund: ja, liebe Susi, du bist halt doch die Beste. – Einmal bin ich in der Küche gestanden und habe gerade ein Messer abgetrocknet. Dabei habe ich mir vorgestellt, ganz bildlich, wie ich meiner Mutter das Messer ins Kreuz rammen würde. Ganz bildlich habe ich mir das vorgestellt, wie ich das Messer abgetrocknet habe und es in den Händen so rumgetan habe.

Meine Mutter hat in mir etwas kaputt gemacht. Irgendwo habe ich durch sie meinen Schuß, meinen Schaden weg. Sie hat mir jeden Tag gesagt, daß ich das letzte Stück Dreck bin. Dabei glaube ich, daß ich sie heute noch gern haben möchte. Das ist echt idiotisch. Sie hat mich rausgeschmissen, macht mich heute noch fertig, wenn sie kann und ich glaube, daß ich sie immer fürchten werde. Ich habe lauter kleine Narben im Gesicht und an den Händen, da wo sie eben gekratzt hat. Wenn sie mich gestaucht hat, bin ich dann auf der Treppe gesessen, habe schier keine Luft mehr gekriegt und habe gedacht, daß ich jetzt sterben muß.
Wenn ich mir das vor Augen halte, baut sich in mir ein wahnsinniger Haß gegen alle Menschen auf. Ich kann mit meiner Vergangenheit nicht leben, vergessen werde ich sie auch nicht, also versuche ich, sie zu verdrängen.«

Kommentar

Es hat also »keinerlei stichhaltige Gründe« gegeben, diesen Jungen mit diesem Lebenshintergrund zu begnadigen. Auch das Sozialisierungsangebot durch das Jugendhaus nützte nichts. Es wurde für gerecht und für die Gesellschaft nützlich erachtet, Peter nach einem Einbruch, an dem er als Mitläufer beteiligt war, und nach dem er sich selbst der Polizei gestellt hatte, zu 14 Tagen Arrest, die er in Einzelhaft, ohne Arbeit, absitzen mußte, zu verurteilen. Da ihn sein Betrieb nun wegen der Arreststrafe nach Beendigung des Ausbildungsverhältnisses in sechs Wochen nicht übernehmen wird, wurde die Einzelhaft ohne Arbeit zur Einübung in die Arbeitslosigkeit.
Als Peter aus dem Knast kam, erholte er sich zunächst auf der Drogenszene, knallte sich zu, blieb zwei Tage unansprechbar. Die nächste Gerichtsverhandlung stand schon an. Er war erwischt worden, als er sich einen Druck setzte. Diesmal wollte er sich einen Rechtsanwalt nehmen. Ich schlug vor, seine Knasterfahrungen in einer Zeitung zu veröffentlichen, um die Kosten für den Rechtsanwalt bezahlen zu können. Er bekam eine zur Bewährung ausgesetzte Strafe. Monate später wurde Peter wegen Brandstiftung in Haft

genommen. Ein psychiatrisches Gutachten bewahrte ihn vor weiterem Gefängnisaufenthalt, ersparte ihm aber nicht die jetzt psychiatrisch begründete gesellschaftliche Ausgrenzung.

Peter ist ein klassisches Beispiel für die Überforderung eines Jugendlichen durch dessen Lebensumstände: Da sind die Mißhandlungen durch die Mutter, die seinen Wunsch nach ihrer Liebe nicht brechen können; da wird seine Erziehung zur Minderwertigkeit durch Einschulung in die Sonderschule fortgesetzt, eine für den Außenstehenden völlig unverständliche Maßnahme. Die Erzählung Peters zeugt von überdurchschnittlicher Intelligenz und sprachlicher Ausdruckskraft, die seinen Lehrern nicht entgehen konnten. Der Hinauswurf aus der Familie entwurzelt ihn völlig. Den Rest geben ihm seine ersten Kontakte mit der Justiz und in der Folge der Knast. Peter hat unter diesen Lebensbedingungen keine Chance. Pädagogik muß hier bei der Veränderung seines Lebensumfeldes, seiner Lebensumstände, ansetzen. Kein Mensch kann ohne Liebe aufwachsen, wer schenkt sie ihm? Er hat sie nicht von einem Richter bekommen, sondern von einer Fixerin, mit der er zusammengezogen ist.

Vor allem aber hätten Menschen, die es im Prinzip mit Peter sicher gut meinten, vor allem Lehrer und Pfarrer, später auch Sozialarbeiter, zu denen er doch viele Jahre hindurch Kontakt hatte, überhaupt um seine Situation wissen müssen. Erst als er mit dem Gesetz in Konflikt geriet, erzählte er von seiner Vergangenheit. Dies ist eine eindringliche Mahnung an alle, die mit Erziehung zu tun haben, sich einmal zu fragen, was man eigentlich von den Kindern und Jugendlichen seiner Schulklasse, seiner Jugendgruppe, seines Jugendhauses weiß. Erzieher, und auch ich bekenne mich hier schuldig, sind oft vielzuviel damit beschäftigt, ihre pädagogischen Ziele mit dem ihnen anvertrauten »Menschenmaterial« zu erreichen, als daß sie sich Zeit nähmen, sich mit den wirklichen Problemen der Jugendlichen zu beschäftigen.

Erziehung kann nicht vor allem darin bestehen, Jugendliche durch Institutionen der Gesellschaft eben dieser Gesellschaft anzupassen. So notwendig Anpassung sein mag, so notwendig ist es doch auch, die Gesellschaftsziele – und damit die Ziele ihrer Institutionen – an den menschlichen Bedürfnissen derer zu messen, die durch die Raster der Institutionsforderungen fallen, wodurch sie vorschnell zu gesellschaftlichem Ausschuß erklärt werden. Oft sind es gerade diese Jugendlichen, die zum Gradmesser gesellschaftlicher Entwicklungen werden, weil sie durch bestimmte Entwicklungen absterben. Geschwächte Jugendliche sind für Systemkrankheiten besonders anfällig. – Man muß schon Sozialdarwinist sein, um Gefängnisse bejahen zu können. – Wer den Ursachen des gesellschaftlichen Absterbens von Jugendlichen nachgeht, der wird auf Krankheiten unserer Gesellschaft stoßen, die letztlich in einem Wertverfall gründen, der seine Wurzeln im Materialismus hat.

Homosexualität

Erwin spricht mit einem Freund (25)

Kannst du dich noch daran erinnern, wann du zum ersten Mal alleine weggegangen bist, ins Jugendhaus zum Beispiel?
Also allein weggehen durfte ich so ab 12, ich muß allerdings dazusagen, ich mußte immer vorher sagen, wo ich hingehe, mit wem und wann ich ungefähr heimkommen würde. Also, wenn ich meinetwegen mit 12 gesagt hab, ich möchte gern auf ein Fest, eine Party oder in ein Jugendhaus gehen, haben meine Eltern gesagt, ja du darfst, wir möchten nur wissen mit wem du da hingehst und wann du wieder zurückkommst, aber ich durft' weggehen, allein, mit 12 schon.
Wo kommst du her?
Aus Goslar.
Wieviel Einwohner hat das?
Mit Eingemeindungen 36000.
Wo bist du dann so hingegangen?
Also, so ab 12 bin ich immer ins Jugendhaus gegangen und war da in 'ner festen Clique drin, das waren alles Leut' zwischen 12 und 14, meistens war's gemischt, Mädchen und Jungs, und die Leut', mit denen ich da zusammen war, die hatten also alle 'ne feste Freundin, also ich hab 'ne feste Freundin gehabt und die anderen Jungs auch.
Hast du die im Jugendhaus kennengelernt?
Ja, aber gleichzeitig hatten auch die Jungs untereinander sexuelle Beziehungen.
Die Jungs untereinander?
Ja, und zwar das war 'ne Clique mit zehn Leuten und ich hab da 'ne feste Freundin gehabt und zwei andere Typen, die ich kannte, bzw. heut' noch kenn', haben auch 'ne feste Freundin gehabt, und wir haben uns immer zum Onanieren getroffen, das kommt vielleicht daher, daß man mit 12, 13 mit einem Mädchen noch nicht so viel anfangen kann, also ich schieb das darauf, daß wir dann 'rumgewichst haben und so.

Habt ihr euch gegenseitig einen 'runtergeholt?

Ja, also meistens im Ginsterfeld oder auf'm Heuboden, ja das is' halt bei uns normal gewesen, daß du das gemacht hast, da hat sich niemand was dabei gedacht. Was gedacht haben sich andre das erste Mal da, wo, also wo's zumindest von mir aus über's Wichsen 'rausging, also wo ich dann auch die Leut' küssen wollte beim Onanieren oder ich wollt' sie in den Arm nehmen, wo sie dann gesagt haben, onanieren ja, aber ein Kuß nee, ich bin ja nicht schwul, des machst du dann gefälligst nicht.

Also, das war schon im Hinterkopf, oder das war schon bekannt, daß schwul was Schlimmes ist und so 'rumwichsen, das is' halt Spielerei.

Das ist normal, ja, ja weisch, vor allen Dingen, du hast ja 'ne Freundin gehabt und konntest dich immer darauf rausreden, mit der darfst du ja nichts machen, das ist zu gefährlich, die könnte ein Kind kriegen und solche Geschichten, und von daher war's naheliegend halt mit 'nem Typ was zu machen, aber des war halt rein mechanisch, also, daß man sich einen runtergeholt hat oder auch mal jemand durchgebumst hat, des kam also auch vor, mit 14 schon.

Ja? Interessant.

Ja, des kam wirklich vor, ja, ich war meistens das Opfer, also ich hab's immer passiv gemacht, mit 14 schon. Für mich war zum Beispiel klar, daß es für mich mehr ist, als 'ne Wichserei, ich hab zwar 'ne Freundin gehabt, aber ich hab mit 14 schon gewußt, daß mich die Freundin nicht geil macht, diese Rumwichserei mit den Freunden, das war für mich ein Vorwand, also ich hab das damals schon anders gesehen als die andern Jungs in unserer Clique.

Du hast also gern mitgemacht?

Ich hab gern mitgemacht, vor allen Dingen, ich wollt' küssen, gestreichelt werden und fand das sehr geil, wenn jemand mir zum Beispiel die Hose runtergezogen hat. Meistens war's mit Drogen verbunden, damit das Ganze ein bißchen komplizierter wird, also so zwischen 14 und 18, da haben wir – des war ein Jugendhaus, wo sehr viel Shit geraucht wurde, wo Captagon 'rumgegangen ist, AN 1, AN 2, Fleckenwasser hat man rumgeschnüffelt.

Was war das für ein Jugendhaus?

Ein kirchliches, von der katholischen Kirche aus, ja ein sehr wüstes.
Was heißt wüst?
Ja, da war'n halt sehr viele Schlägereien, also von der Stadtverwaltung aus, aus deren Sicht war's ein schlimmes JH, weil halt Drogen da waren.
Was waren da für Betreuer, Sozialarbeiter?
Am Anfang hat das 'ne Frau gemacht, irgend so 'ne städtische Bedienstete, die hat mehr so Verwaltungsarbeit gemacht und irgendwann mal haben sie 'nen Sozialarbeiter eingestellt, der versucht hat, ein Programm durchzuziehen mit den Jugendlichen, also die da dran zu beteiligen am Programm.
Er hat es versucht, lief da nicht so viel an Programm und Angeboten?
Nee, wie gesagt, die Leute sind gekommen, da war jeden Tag Disko und die Leute sind meistens gekommen, um sich vollaufen zu lassen und Drogen zu nehmen und mit ihren Freunden, ihren Freundinnen 'rumzuschmusen, die waren an Programm nicht interessiert. Dann haben sie halt einen Sozialarbeiter eingestellt, der hat so 'nen Heimbeirat gegründet und hat versucht, wirklich ein Programm zu machen, auch mit Bastelkursen und so Sachen, das Ganze ein bißchen strukturieren, und das hat nicht so ganz geklappt. Auch unsere Clique, die ist bloß hin, um irgendwelche Drogen zu konsumieren und mit der Freundin 'rumzumachen und Musik zu hör'n, ohrenbetäubend laut. Ja, und ich bin da zum Beispiel zweimal 'rausgeflogen aus'm Jugendhaus, also ich hab zweimal Verbot bekommen, weil ich einen schlechten Einfluß auf bestimmte JH-Besucher ausüben täte. Er hat es auch für nötig gefunden, einige Mütter aufzusuchen.
Inwiefern schlechten Einfluß?
Ja, weil ich z. B. ständig besoffen oder zu, also mit Tabletten vollgestopft auf'm Boden 'rumgelegen bin. Ich hab mich auch 'rumgeknutscht auf'm Boden vom JH. Mir war das scheißegal, was die Leute denken, ich hab das halt gemacht. Und das geht natürlich nicht in 'nem JH und in 'nem kirchlichen schon gar nicht – was gucksch jetzt so?

Ja, ich überleg gerade, ob das nicht zu sozialpädagogisch ist, wenn ich frag', ob du einen besonderen Grund hattest, aufzufallen.
Ja, richtig, hab ich einen besonderen Grund gehabt. Ich war unheimlich klein und zierlich und hab' damals lange Haare gehabt und sah sehr mädchenhaft aus, und bin also überall wie ein Mädchen behandelt worden und die Leut' haben mich nicht ernst genommen, als Junge nicht ernst genommen, und deswegen ist die Drogenkonsumiererei und der Alkohol und so, Auffallen mit wüsten Ausdrükken und so, das war bestimmt mit Absicht gemacht, um so aufzufallen und im Mittelpunkt zu stehen, weil ich gewußt habe, daß ich mich z. B. körperlich nicht wehren kann, wenn jemand auf mich zugekommen ist und hat mir eine in die Schnauze geschlagen, dann hab' ich halt eine drin gehabt.
Ich wollt nicht als kleines Mädchen gelten, das man rumprügeln kann, deswegen hab ich mich auch von der Kleidung her ziemlich mackerhaft angezogen, mit 'nem mädchenhaften Gesicht und makkerhaften Kleidern, also Lederklamotten und Pelzklamotten und Löcher reingerissen und so Stickers hingemacht, damit ich ja brutal aussah.
In der Schule war ich immer der Schlechteste und hab allerdings von zu Hause aus keinerlei Vorwürfe gemacht gekriegt, ich muß immer dazusagen, daß meine Eltern, die waren immer lieb und nett zu mir und haben sehr viel Verständnis gehabt, auch wenn ich mal von der Schule geflogen und dreimal sitzengeblieben bin, und die haben immer Verständnis gehabt. Ich war zu Haus immer ziemlich lieb und hab das sogenannte rüpelhafte Verhalten nach außen verlagert und hab das nicht zugegeben, auch das mit den Drogen hab ich nicht zugegeben zu Haus und was mit Jungs gelaufen ist, hab ich auch nicht zugegeben.
Meine Eltern haben sowas das erste Mal mitbekommen, als ich mal 'nen 14jährigen bei mir hab übernachten lassen. Wir sind halt da im Bett gelegen zu zweit, ich lag auf'm Rücken, er auf mir drauf und dann kam meine Mutter halt plötzlich rein und hat das gesehen und hat blöd geguckt. Und da hat sie gesagt, was soll'n das, da hab ich gesagt, wir catchen nur und da war die Sache auch wieder erledigt.
In der Clique war ich bis 16 drin, und dann ist sie aus den

verschiedensten Gründen zerfallen, die weiß ich heute nicht mehr genau. Ich bin z. B. nicht mehr akzeptiert worden, als ich ein Mofa gehabt habe und alle anderen hatten plötzlich eine schwere Maschine, und das war für andere Leute halt ein Grund zu sagen, der paßt nicht mehr rein mit seinem komischen Mofa, und der ist halt noch nicht das Rechte, auf jeden Fall hab ich mich dann zurückgezogen und dann hast du auch mit der Freundin Schluß gemacht, dann hat's auch mit dem Typ nicht mehr geklappt, dann war das auch wieder aus.

Dann bin ich mit 16 in den Jugendclub der AWO eingetreten und war so die nächsten vier Jahre, also von 16–20 im Jugendclub der AWO. Wir haben uns im gleichen Haus, also im JH jede Woche getroffen und haben da halt Jugendarbeit gemacht.

Wie sah das aus?

Das war ein Helferclub, die haben sich getroffen und sich auf irgendwelche Kinderfreizeiten vorbereitet und da bin ich praktisch hingegangen mit und hab mir das angeguckt, war in der Gruppe und da haben wir halt Spiele gemacht und über Kinderfreizeiten gesprochen, was man mit Kindern machen kann und da hab ich halt mal ein Jahr zugehört, bin einfach dringewesen und hab dann auch mal eine Freizeit mitgemacht, als Springer, ich hab nichts zahlen müssen, aber ich hab auch nichts bekommen, ich konnt's mir angucken, ob ich mir's zutrau', also als Junghelfer bin ich da mitgefahren.

Ja, und in der Zeit hab ich in der AWO meine ersten beiden Freunde kennengelernt, gleich zwei auf einmal. Also ich war damals noch nicht schwul, ich hab mich noch nicht als schwul definiert, weil ich hab ja ständig 'ne Freundin gehabt, oder zum damaligen Zeitpunkt eine Freundin gehabt, oder mit den Leuten 'rumgemacht.

Ja, aber vorhin hast du gesagt, daß du da, wo ihr 'rumgewichst habt, daß du da gern mehr gemacht hättest. Ist dir da nicht irgendwas gekommen, wenn du gesehn hast, daß du ein bißchen anders bist als die andern, hast du dir da nicht was überlegt, ob du anders bist und warum und wie anders?

Nein, ich hab mir das nicht überlegt, ich hab nur festgestellt, daß ich von 'nem Jungen mehr will, als bloß einen 'runtergeholt bekommen, daß ich also auch Zärtlichkeiten will, daß ich mich streicheln lassen will, ich hab mir nicht überlegt, ob das schwul ist, oder was das bedeutet und wußt's auch gar nicht. Insofern hat's mir auch keine Probleme bereitet, das zu machen, weil ja auch niemand da war, der gesagt hat, du bist ein Schwein, das macht man nicht. Gut, es haben zwar gute Freunde ab und zu mal gesagt, tu' mich nicht anschwulen, gell, du bist ja ein bißchen schwul, aber mit dem Ausdruck hab ich nichts anfangen können.

Aber es haben schon ein paar mitgemacht, also du hast schon Partner gefunden.

Ja.

Und das hast du dann so weitergetrieben.

Paß' mal auf, mit 17 hat 'ne Freundin mit mir Schluß gemacht, und irgendeiner vom Jugendclub von der AWO hat sich mit mir besoffen im JH und, wie war denn das. Moment, das war nämlich toll, irgendwie sind wir dann rausgetorkelt und lagen plötzlich auf 'ner Wiese und haben aneinander 'rumgemacht, haben uns geküßt und gestreichelt und uns einen 'runtergeholt und das fand ich wahnsinnig toll und das haben wir am nächsten Tag wieder gemacht.

Auch besoffen?

Nee, nicht besoffen, da haben wir's also unbesoffen gemacht, und das war auch der erste, der mich nicht zurückgewiesen hat, der nicht gesagt hat, hör' mal her, du bist wohl ein kleiner Schwuli oder so, sondern der einfach mitgemacht hat. Ich kann jetzt nicht die ganze Entwicklung sagen, auf jeden Fall war das praktisch mein erster Freund. Das ging mit 16 los und hat sich hingezogen so bis 17½, bis ich dann gedacht hab, Schluß machen zu müssen, aber nicht wegen dem Schwulen, sondern weil ich gedacht hab, ich bin im Gymnasium und der ist bloß Arbeiter – hab ich echt gedacht – ich hab mir damals noch was drauf eingebildet, im Gymnasium zu sein, und der hat halt bei Siemens gearbeitet, und ich hab irgendwann gedacht, der ist mir einfach zu dumm, und hab dann praktisch die Beziehung abgebrochen, obwohl ich's vier Wochen später bereits bereut hab, denn ich wollt ja 'nen Freund haben, ich wollt' ja Sex haben und hab'n dann halt plötzlich nicht mehr gehabt. Ich hab dann allerdings gleich einen andern kennengelernt, auch in der AWO, der war auch 17 und mit dem hat das auch so ¼ Jahr gedauert.

Ich muß dazu sagen, ich hab mir auch da noch nicht überlegt, ob ich schwul bin. Ich wußt's wirklich nicht, ich hab nur gewußt, ich mach das, weil ich Spaß hab und hab überhaupt nichts Negatives gehört, von keiner Seite, daß das was Schlechtes ist, hat mir niemand gesagt, also hab ich es gemacht. Auch auf Ferienhelferschulungen bin ich mit dem Typ Arm in Arm 'rumgelaufen und wir haben uns geküßt und es hat keiner komisch geguckt, ich weiß zwar nicht warum, aber es hat keiner komisch geguckt, insofern mußt' ich mir es gar nicht überlegen, ob es irgendetwas Schlimmes ist.
Die ersten Überlegungen hab ich angestellt, als ich knapp 18 war, das war ein Jahr, wo ich nicht in der AWO war, wo ich für die Fachhochschulreife gelernt hab, nee, da bin ich grad von der Schule geflogen, wo ich also ziemlich viel gelernt hab, oder ich mußt ziemlich viel lernen, war jeden Tag zu Hause und hab mich von sehr vielen Leuten zurückgezogen, bzw. die auch von mir, und da muß ich irgendwann mal was gelesen haben über Homosexualität, also das Wort mal gelesen haben, im Fremdwörterlexikon, ich weiß nicht mehr genau. Da hab ich mir zum ersten Mal überlegt, was das denn heißt und hab auch meinen Vater gefragt, ob er weiß, was das heißt, Homosexualität und Schwulsein, also ich hab ihn gefragt, weil ich mit den Wörtern nichts anzufangen wußte, da hat er mir's erklärt, daß das Männer sind, das sind so Perverse, die Arschficker, die Arschficken machen und sich küssen und so, und daß das halt so schlimm wär und dann war ich geschockt, das erste Mal in meinem Leben geschockt und dann wußt' ich nichts Besseres zu machen, als total Abstand zu nehmen. Ich wollt dann von Jungs überhaupt nichts mehr, ganz plötzlich nicht, und hab dann also ganz krampfhaft 'ne Freundin gesucht und hab sie nicht gefunden und hab dann so ein Jahr lang ziemlich gelitten. Und dann hab ich auf 'ner Ferienfreizeit 'ne Frau kennengelernt, die mich angemacht hat, also das war das erste Mal, daß mich eine Frau angemacht hat, ich hab immer gedacht, der Junge muß anfangen oder der Mann fängt an, das Denkschema hatte ich schon immer drin, ich muß anfangen, und da ich keine Freundin hatte, hab ich's halt darauf geschoben, daß ich einfach zu lasch bin. Das Schwulsein hab ich praktisch weggedrängt, ich hab mir lediglich überlegt, ja, wenn keine vorbeikommt,

dann kann ich auch nichts machen, aber schwul bin ich deswegen noch lange nicht und hab auch nichts dafür getan, 'ne Freundin zu kriegen. Und jetzt auf dieser Freizeit, da hat mich 'ne Frau angemacht und hat mich auch verführt, bis zum Letzten. Und da hab ich gemerkt, ich fand das zwar toll, mit der befreundet zu sein, aber sexuell hat mir das nichts gebracht, also ich kann nicht sagen, daß ich da geil davon geworden bin, ich fand's einfach schön, auch deswegen, weil sie so aktiv war, ich mußt' ja fast nichts machen, die hat mich gestreichelt, die hat mir einen 'runtergeholt, die hat mir einen geblasen – willst du das auch aufschreiben?

Ich kann ja deinen Namen verschweigen.

Du, mir ist das egal, meinen Namen kannst du ruhig sagen – also, dann war das praktisch weg, das Thema, weil ich meine Befriedigung gehabt hab.

Und nach dieser Freizeit, das war also im Juli 1976, da war ich 19, und dann ist der August gekommen, da waren also große Ferien und ich wollt unbedingt in Urlaub fahren. Meine ganzen Freunde waren weg, es war niemand da und es hat mich auch niemand mitgenommen und ich hatte auch kein Geld, weil ich zu faul war, mir Geld zu verdienen, da hab ich mir überlegt, was machst du jetzt, und ich hab gewußt, daß es in Karlsruhe ein schwules Lokal gibt, das hab ich ausfindig gemacht. Und zwar, ich hab mir das »DU&ICH« gekauft, das ist eine Schwulenzeitschrift, bin halt in ein Geschäft rein, hab mich umgeguckt, ganz zaghaft, hab's gesehen, bin wieder raus, wieder rein, nochmal raus und nochmal rein, dann hat mich die Frau gefragt, was ich eigentlich will, weil ich ständig rein und raus lauf', dann hab ich ihr gesagt, daß ich in der 12. Klasse bin, nee in der 11. Klasse, und daß ich ein Referat zum Thema Homosexualität machen müßte, und ob sie da nicht irgendwelche Literatur dazu hat und dann hat sie mich in 'ne Bücherei geschickt. Ja, dann war das also nichts, dann hab ich's also nicht gekauft, dann bin ich also in den Bahnhof, mit hochrotem Kopf und hab nur gesagt, ich möcht' gern diese Zeitschrift da, da oben steht sie, und ich bin total rot geworden dabei, aber sie hat sie mir gegeben, und ich hab mir gedacht, wenn die mich jetzt, die weiß ja gleich alles, die weiß sofort alles. Ich hab mir schon überlegt, wenn sie mich fragt, was ich mit dem Heft will, was ich ihr dann sagen soll, ich hätte ihr wahrscheinlich die gleiche Geschichte erzählt, daß ich ein Referat schreiben muß, für die Schule – ja, gut, ich hab das gekauft, hab mir's durchgelesen, hab die Adresse vom Café du Roi in Karlsruhe rausgefunden, das war so 'ne Schwulendisko, und da bin ich dann hingegangen und zwar nicht rein, sondern nur hin und bin dann vor'm Eingang ziemlich oft im Quadrat 'rumgelaufen und hab geguckt, ob da Leute reingehen und was es wohl für Leute sind und hab mich also fast nicht getraut, und irgendwann nach 'ner Stunde ist's mir zu blöd geworden, dann bin ich einfach reingegangen und bin vom Barhocker geflogen, weil ich so nervös war, hab mich hingesetzt und hab bestellt und hab total gestottert, gell und dann mußte ich auf's Klo, da war'n Vorhang, gell, und dann bin ich durch'n Vorhang geflogen, ich hab mich total trampelig angestellt, weil ich so unsicher war. Gut – und dann saß da an der Bar jemand, der hat mich angeschwätzt und halt so mich in ein Gespräch verwickelt und ich fand das unheimlich toll, daß sich mit mir jemand unterhält und hab auch überhaupt nichts dabei gedacht, was das denn jetzt soll, ich wollt mich nur unterhalten und wollt mal gucken, was das so ist, so ein schwules Lokal. Das hab ich dann ja auch gesehen, ja gut, und dieser Mensch, dieser Mann war 26 Jahre alt, hat dann gefragt, ob ich mit in sein Hotel gehe, da hab ich gesagt, nee, möcht ich nicht, aber ich hab gesagt, wir können uns ja nächste Woche nochmal sehn, da hat er gemeint, ja, da fährt er für drei Wochen weg, also Hamburg, Bremen, Düsseldorf und so, ob ich nicht mitwollte. Da hab ich gesagt, ich überleg mir das und er hat mir seine Adresse gegeben. Und dann hab ich ihm einen Brief geschrieben, am gleichen Tag noch, daß ich mit möchte, ja, und dann bin ich halt auch mitgegangen, weil ich unbedingt in Urlaub wollt', ich hab nicht überlegt, daß ich vielleicht auch mit ihm schlafen müßt', ich bin einfach mit, wollt' in Urlaub und hab gedacht, ich laß alles auf mich zukommen. Gut, dann war ich drei Wochen mit ihm unterwegs, und's war teilweise gut und teilweise schlecht. Schlecht war, daß er ständig mit mir schlafen wollte, und ich wollt' gar nicht, weil ich wollt' ja bloß in Urlaub fahren und sonst nichts und ich mich ständig gezwungen sah, mit ihm doch ins Bett zu gehen. Irgendwann kam halt 'n Punkt, wo ich gedacht' hab, jetzt muß ich praktisch mit ihm schlafen, sonst wird er bös'und schmeißt mich aus'm Hotel raus, oder weiß der Teufel was, und ich hab's dann halt mit ihm gemacht und das war dann praktisch das erste Mal nach zwei Jahren, wo ich überhaupt wieder mit 'm Typ was gehabt hab und das fand ich halt unwahrscheinlich geil.

Ja, wie hast du das hinterher gesehen. Einserseits, du hast gesagt, du fandest das geil. Hast du dir dann nicht überlegt, hinterher, daß das was Schlechtes sei oder was Gutes, wie hast du das hinterher empfunden, positiv oder negativ?

Daß ich mit ihm geschlafen hab oder daß ich mitgegangen bin?

Beides.

Daß ich ihn praktisch finanziell ausgenutzt hab, das hat mir damals nichts ausgemacht, weil ich zumindest damals auf'm Standpunkt gestanden bin, wenn jemand Geld hat und ich hab keins, dann kann er mir das gefälligst geben. Also ich war voll auf Ausnutzertour drauf, hab das auch bewußt gemacht und hab mir nicht überlegt, ob das wohl was Schlimmes ist.

Ja, so voll warst du wohl nicht drauf, wenn du dann irgendwann nachgegeben hast. Du hast dem dann ja irgendwann das gegeben, was er wollte, hast ja dann mit ihm geschlafen, das wofür er dich bezahlt hat, praktisch.

Ja, aber ich hab damals nicht überlegt gehabt, daß ich mit ihm schlafen muß, ich hab gedacht, der nimmt mich mit in Urlaub, weil er mich nett findet, und der will gar nichts, ich hab nicht so weit gedacht, daß er von mir was will, sexuell. Ich wollt' nur in Urlaub und hab gedacht', der ist so nett, der hat einen Haufen Geld, er hat mir ja gesagt, er hat viel Geld, ich hab gedacht, der nimmt das ganz locker, der nimmt mich halt als Reisebegleiter mit. Und ich hab mir nicht überlegt, ob das was auf mich zukommt, was ich nicht will oder vielleicht dann doch will. Das hat sich am dritten Tag ergeben, daß er halt wirklich die ersten Forderungen gestellt hat. Er hat gesagt, jetzt bist du aber dabei und ich möcht schon mit dir schlafen. Und da hab ich mir das erste Mal überlegt, ob es nicht doch 'n Fehler war da mitzugehen. Ich bin nicht auf den gestanden und fand ihn sexuell nicht besonders anziehend. Den Sex selber dann schon, aber den Typ als solchen, der hat mir eigentlich nicht gefallen. Und da hab ich mir dann überlegt, am vierten Tag, ob das nicht 'n Fehler war mitzugehen, aber –

Nachdem du mit ihm geschlafen hast?

Nachdem ich mit ihm geschlafen hab, ja.

Obwohl, den Sex selber hast du geil gefunden, hast aber dann –

Den Typ selber fand ich überhaupt nicht erotisch.

Und wolltest auch nimmer mit ihm schlafen.

Ja, das war's ja, ich hab gewußt, daß er unbedingt mit mir schlafen will, er hat ja genügend Komplimente gemacht, ich wußt' andererseits auch, daß ich kein Geld hab. Ich hätt' also nicht einfach sagen können, so, mir stinkt's, ich fahr nach Hause. Ich hab 'n riesen Koffer gehabt, kein Geld überhaupt nichts und hab mich irgendwie schon abhängig gefühlt von dem, finanziell. Das ist die eine Seite und die andere Seite ist die, daß ich auch unbedingt den Urlaub durchziehen wollt', auf's Verrecken wollt' ich drei Wochen wegbleiben, wollt' richtig Urlaub machen, wollt's genießen, in tolle Hotels zu gehen, gut essen zu gehen und mich ausführen zu lassen, das wollt' ich einfach genießen, und deswegen hab ich praktisch für mich den Kompromiß geschlossen, daß es zwar nicht toll ist, mit ihm zu schlafen, und daß ich's eigentlich auch nicht will, aber daß ich's dann trotzdem mach', weil's halt dazugehört, weil er's von mir erwartet, und deswegen hab ich's gemacht.

Also wenn du ihn geil gefunden hättest, dann wär's für dich kein Problem gewesen.

Nee.

Hast du dir da dann schon überlegt, ob du schwul bist oder so?

Ich hab mir überlegt, ob ich schwul bin, aber ich hab mir dann selber gesagt, du bist nicht schwul, du hast ja schließlich 'ne Freundin, die heißt Bettina R. und die ist in B., und du schläfst zwar jetzt gerade mit 'nem Mann und findest's auch toll, in schwule Diskotheken zu gehen und angesprochen zu werden, und die Leute ablehnen zu können, wenn du Lust dazu hast. Konkreter wurd's dann zu Haus, wo ich dann das einigen Leuten, ich weiß' auch nicht, da war irgendwie so ein Baggerseefest von unserer Klasse aus, und da war ich ziemlich besoffen und da schein' ich es einigen Leuten im Zustand von Trunkenheit gesagt zu haben.

Du hast also die drei Wochen Urlaub durchgezogen und hast auch dann das gegeben, was er verlangt hat, hast öfters mit ihm geschlafen.

Ja, also nicht jede Nacht, aber schon jede zweite, dritte Nacht, und als ich zu Haus war und das in besoffenem Zustand einigen Leuten erzählt hab, unter anderem dem Klaus, den kennst du ja auch, da waren die total entsetzt, die Leut', also ich fand's gar nicht schlimm, und die fanden's total schlimm, daß ich mit jemand mitfahr, den finanziell ausnutz', dann mich zu Sachen hergeb', die ja schließlich nicht normal sind.

Ja, was fanden die da schlimm, daß du den da finanziell ausnutzt oder daß du mit 'nem Mann schläfst?

Also zwei Mädchen aus meiner Klasse, die fanden's am schlimmsten, daß ich ohne mit der Wimper zu zucken praktisch mitgeh' und den finanziell ausnütz', ohne mir dabei zu denken, daß es vielleicht was Schlechtes sein könnte, das fanden die schlimm. Und so Leut' wie der Klaus oder auch andere, die fanden wiederum schlimm, daß ich mit dem geschlafen hab, das fanden die am Schlimmsten. Und dann haben sie auch alle gemeint, sie müßten mir Moralpredigten halten, sowohl auf's Finanzielle, weil ich Leut' ausnütz', anscheinend, und das andere, weil ich mit Leuten ins Bett geh', und da bin ich dann schon ins Grübeln gekommen, über's eine, ob ich tatsächlich so schlimm drauf bin, daß ich Leut' nur ausnutz' oder ich hab mir dann überlegt, hab ich mit dem geschlafen, weil ich gemeint hab, mir bleibt nichts anderes übrig, ich wußt's nicht, und ich hab mich dann dafür entschieden zu sagen, ich hab's wohl eher gemacht, weil ich halt auf Männer steh', oder weil ich diese Art von Sex bevorzug, weil mir die mehr bringt. Ich hatte ja den Vergleich mit der Freundin, den hatte ich ja immer noch im Hinterkopf, und ich hab's ja auch gemerkt, wo ich dann hinterher mit ihr geschlafen hab, daß mir das halt gar nichts gebracht hat, ich bin da nimmer so geil geworden, und da hab ich dann schon Probleme bekommen, weil ich ja mittlerweile gewußt hab, was Schwule für'n Ansehen genießen, in der Gesellschaft. Und dann hab ich ziemlich lang, also 'n Jahr lang überhaupt nichts gemacht in der Richtung, ich hab damals meiner Freundin E. geschrieben, hab ihr das geschrieben, wie das gelaufen ist, und die hat mir dann keine Vorwürfe gemacht, das war die einzige Person, die mir keine Vorwürfe gemacht hat. Ich hab ihr einen langen Brief geschrieben, alles beschrieben und auch gesagt, wenn sie mir Vorwürfe machen will, dann bin ich darauf gefaßt, weil das ja alle Leut' gemacht haben bisher, und sie hat mich dann eingeladen, zu sich nach Hause, und dann haben wir dann einen ganzen Abend und eine halbe Nacht darüber geredet, auch über das, daß ich vielleicht schwul sein könnt'. Und die hat mir dann praktisch gesagt, sie glaubt, daß ich schwul bin. Ja, sie hat mir das sagen müssen.

Hast du ein gutes Verhältnis gehabt, zu der E.?

Ja, die hab ich 1974 auf 'ner Ferienhelferschulung von der AWO kennengelernt und fand die Frau unheimlich faszinierend, und zwar als Mensch, und nicht als Sexualobjekt, weil die unheimlich viel drauf hatte, und das hat mich halt unheimlich angemacht, mit der hab' ich die ganze Schulung über sehr viel gemacht und hab ihr auch hinterher jede Woche 'nen Brief geschrieben und sie hat mir 'n Brief geschrieben, wir haben telefoniert, haben uns ab und zu besucht, das war einfach toll, ich hab halt zu der ein Wahnsinnsverhältnis gehabt und deswegen konnt' ich auch zu der kommen, oder hab's mir's eher zugetraut, speziell zu der Frau zu gehen, weil ich gedacht hab, wenn mich jemand versteht, dann vielleicht doch die, ich hab ja quasi zu der Frau aufgeschaut, weil die in allem, was sie gedacht und gemacht hat, mein Vorbild war. Auf jeden Fall hat die bei mir diesen Denkprozeß in Gang gesetzt, mich darüber auseinanderzusetzen, mich auch damit zurechtzufinden, wie ich nun mal empfind'.

Vorher hat sie nix gewußt, daß du schwul sein könntest?

Nee, ich hab das ja nie jemand gesagt, ich hab vorhin gesagt, ich hab das zwei, drei Jahr lang einfach gemacht, mal 'ne Freundin gehabt, mal 'nen Freund oder meistens gleichzeitig, und ich hab mir nichts dabei gedacht, ich hab's einfach gemacht, weil ich überhaupt nichts wußt' von Vorurteilen dieser Personengruppe gegenüber.

Ja, aber ich frag' mich, wie sie dann so drauf kommen kann, daß du schwul bist, wie sie das so sagen kann. Das hättest ja eigentlich du selber besser wissen können.

Ha, nee, sie hat nicht gesagt, du bist schwul. Ich hab ihr alles erzählt, von meiner Freundin R. und wie das da in Hamburg gelaufen ist und auch daß mir das eine sexuell besser gefallen hat und sie hat dann nicht gesagt, du bist schwul, sie hat nur gesagt, ich soll die Möglichkeit in Betracht ziehen, daß ich vielleicht schwul bin, aber ich soll mir da um Gottes Willen nichts draus machen, weil sie findet, daß das meine Angelegenheit ist, weil ich das machen soll, auch sexuell, was ich für das Beste halte und soll nicht groß drüber nachdenken, ob das eventuell gut oder schlecht sein könnte, ich soll's einfach machen.

Hast's dann auch gemacht nach dem Gespräch?

Nee, ich hab das nicht einfach gemacht, ich hab dir vorhin gesagt, ich hab mich ein Jahr lang aus allem zurückgezogen.

Nach dem Gespräch hast du dich dann zurückgezogen?

Nee, das fiel in den Zeitraum rein, wo ich also sexuell überhaupt nichts gemacht hab, weder mit Mann noch mit Frau. Zudem ist R. damals nach Berlin gezogen, also die hat mit mir Schluß gemacht und ist nach Berlin gezogen zu 'nem Typ, also da war die schon mal weg.

Hat die das gewußt?

Nee.

Zu ihr hast du überhaupt nichts gesagt?

Nee, ich hab das der R. zum ersten Mal gesagt so im Januar, Februar 78, wo ich meinen ersten Freund, meinen jetzigen Freund kennengelernt hab.

Ja, erzähl das mal ausführlicher.

Was, das mit 'm Typ?

Mach 'mer mal so weiter. Also du hast ein Jahr nix gemacht.

Ich darf jetzt mit den Zeiten nicht durcheinanderkommen. 76 war das mit dem M., ja das war August 76. Dann praktisch bis Sommer 77 hab ich überhaupt nichts gemacht. Und dann hab ich im Spätjahr 77 erfahren, dann hat die R. mir die Beziehung aufgekündigt, sie hat gemeint, sexuell bringt's ihr nix, weil ich ja nicht mir ihr schlafen will.

Du hast jetzt das Jahr über nimmer mit ihr geschlafen?

Nee. Ja gestreichelt schon, geküßt auch, aber Sex wollt' ich nicht machen, ich hab keine Lust mehr dazu gehabt.

Du hast dir auch keinen runterholen lassen?

Doch, schon, aber ich hab sexuell nix mehr, ich hab sie schon gestreichelt und so Sachen gemacht, aber sexuell hab' ich nix gemacht, und irgendwann ging's ihr dann auf den Geist, sie wollt' nun mal mit 'nem Typ richtig schlafen, hat sie ständig gesagt, und dann hat sie gemeint, sie kann so die Beziehung nicht aufrechterhalten. Und dann ist sie mal ein paar Wochen nach Berlin gefahren, hat da jemand kennengelernt und kam dann zurück nach B., und hat mir dann eröffnet, daß sie da jetzt jemand kennengelernt hat und nach Berlin ziehen würde, Ende 77, Anfang 78. Und daraufhin bin ich zum K. gegangen, meinem damaligen Schulfreund, und hab ihn dann praktisch gefragt, was ich machen soll, weil ich wußt's nicht, gell, ich hab dem das ja gesagt mit dem M., der hat das ja gewußt.

Wieso bist du da dann nicht zur E. gegangen? Du wolltest dann mit einem Freund reden.

Ja, da wollt' ich mit einem Freund reden. Ich weiß nicht, vielleicht hab ich auch im Auge gehabt, daß vielleicht mit'm K. was laufen könnte, also ich weiß nicht, es hätt' sich zum Beispiel – weil ich hab dem das damals auf dem Baggerfest ja gesagt, was da gelaufen ist, und er hat sich nicht von mir abgewandt, im Gegenteil, ich hab den daraufhin erst richtig kennengelernt und als Freund gewonnen.

Also er hat das nicht negativ angeguckt, daß du mit 'nem Mann geschlafen hast.

Nee, er hat mich schon zur Sau gemacht, aber er hat dann die Beziehung nicht abgebrochen, sondern intensiviert, also er hat mich ständig eingeladen. Allerdings ohne Hintergedanken von ihm aus.

Also ich hab ihn dann gefragt, was ich machen soll, und er hat gemeint, ich soll doch nochmal eine Anzeige aufgeben in diesem besagten DU&ICH oder ich soll doch mal auf eine schreiben.

Also, da hat er's nimmer so negativ gesehen, daß er dir davon abgeraten hätte, sondern er hat dir 'ne Möglichkeit gesagt, wie du zu einem Freund kommen könntest.

Ja, ich hab ja mittlerweile ein Jahr übersprungen, das was ich vorhin erzählt hab war 76, mit'm K. ist ja wieder 'ne andere Bezie-

hung gelaufen, ein Jahr lang. Auf jeden Fall hat der mich unheimlich gern gehabt und hat sich auch Sorgen um mich gemacht und wollt' schon haben, daß ich mich wohlfühl'.
Wir sind dann zusammen die Anzeigen durchgegangen und dann hab ich auch auf eine geschrieben und zwar stand da drin »Waldorfschüler«, ich wußt' damals nicht, daß Waldorfschüler Schüler sind, die auf 'ne Antroposophenschule gehen, ich hab gedacht, Waldorf, aha, das ist in der Nähe von B., deswegen hab ich auf den Waldorfschüler geschrieben, das ist sehr wichtig, daß ich auf Waldorfschüler geschrieben hab, na gut, dann hab ich Post aus Stuttgart bekommen, gell, ich fand das komisch, ich hab gedacht, der ist aus Waldorf. Jedenfalls hab ich dem Typ, dem T., dann ein paar Mal geschrieben, und er hat mir ein paar mal geschrieben, wir haben Bilder ausgetauscht, er fand mich sehr nett, da haben wir halt Ende Dezember 77 uns mal verabredet in Stuttgart und haben uns da getroffen und haben da eine Beziehung angefangen, die wir jetzt noch haben, seit 4½ Jahren.
Soll 'mer da mal aufhören?
Mir fällt eh grad nix mehr ein.
Also, danke für das Gespräch, lieber D.

Kommentar

Ich habe dieses Gespräch in dem vorliegenden Band aufgenommen, weil es in beeindruckender Weise die Unzulänglicheit unserer Erziehungspraxis im Bereich der Sexualität entlarvt. Es geht mir nicht darum, die Ursachen der Homosexualität aufzuzeigen und schon gar nicht darum, mich auf die offene Frage einzulassen, inwieweit sie angeboren oder erworben ist. Mein Anliegen ist, daß sie als Phänomen wahrgenommen und als eine mögliche Ausdrucksweise zwischenmenschlicher Gefühle, wie Zuneigung und Liebe, akzeptiert wird. Es geht mir darum, daß Homosexuelle als Menschen angenommen und respektiert und nicht als Schuldige verurteilt, als Kranke bemitleidet oder vielleicht gerade noch als arme Abartige toleriert werden. Homosexuelle brauchen nicht das Mitleid von

Heterosexuellen, sondern deren Anerkennung. Wie das Interview zeigt, leiden sie gar nicht unter ihren Gefühlen, die sie sich gar nicht anders wünschen. Wenn sie leiden, leiden sie wegen der Heterosexuellen, weil diese ihnen verbieten, ihre Gefühle zu leben, und sie ins gesellschaftliche Out drängen. Mitleid dient hier nur zur Entschuldigung für Diskriminierung. Das Leid der Homosexuellen wird durch Heterosexuelle verursacht, die ihre Gefühlswelt zur allein moralischen erklären. Es ist eine Eigenschaft des Faschismus, Minderheiten, »Andersartigkeit« zu unterdrücken, zu eliminieren. Homosexualität zu ächten heißt, Homosexuelle zu kriminalisieren. Mögen auch veränderte Gesetze zur Entkriminalisierung beigetragen haben, das »gesunde Volksempfinden« macht Homosexuelle noch immer erpreßbar, schließt sie von Erzieherberufen aus, drückt sie durch Intoleranz ins Milieu der käuflichen Liebe, zwingt sie zur Absonderung in eigene Treffs, was die segregatorische Wirkung der Homosexualität nochmals verstärkt. Vielleicht gelingt es, den Leser an Hand des Interviews von Erwin Sandles mit einem Homosexuellen zur Reflexion über seine eigene Einstellung zur Homosexualität anzuregen.

Homosexualität ist weitgehend ein pädagogisches Tabu. Insoweit sie auf Jugendliche zutrifft, wird sie meist nicht wahrgenommen, weil ihre Wahrnehmung das pädagogische Alltagshandeln erschweren und den Erzieher selbst zwingen würde, seine persönliche Einstellung offen darzulegen. Eltern ziehen die Möglichkeit eines homosexuellen Kindes im allgemeinen gar nicht in Erwägung. Das darf einfach nicht wahr sein, das wäre eine Schande für die ganze Familie. All das führt dazu, daß junge Homosexuelle oft jahrelang im Zweifel über ihre Homosexualität sind. Lehrer und Pfarrer klären über Homosexualität meist so auf, daß sie diese im besten Falle als Krankheit entschuldigen, nicht selten aber als Gefahr darstellen. Obwohl in jeder Kirche, in jedem Ferienlager, in jeder Klasse homosexuelle Jugendliche sitzen, wird von Homosexuellen immer als von den »anderen« gesprochen, wissen Kapläne und Lehrer gar nicht, wer von den Jugendlichen, mit denen sie täglich zusammenkommen, homosexuell ist. Es herrscht ja auch keine Atmosphäre, die die eventuell Betroffenen ermutigte, über ihre Vermutung oder

Zweifel zu reden. Allenfalls tun sie es dann mal, wenn sie betrunken sind, wie es im Gespräch treffend zum Ausdruck kommt. Homosexualität ist fast das einzige Thema, über das betroffene Jugendliche auch mit ihren Kameraden und Freunden nicht reden können, weil sie wissen, daß ihnen kein Verständnis entgegengebracht würde, sie nur verspottet würden.

Homosexuelles Fühlen ist genauso integraler Bestandteil der eigenen Person, wie es das heterosexuelle Empfinden ist. Wie die Heterosexualität ist auch die Homosexualität eine Möglichkeit, Liebe zu schenken und zu empfangen. Jemandem das Recht darauf abzusprechen hieße, ihm nicht zu gestatten, ja zu seiner Person, ja zur Liebe zu sagen. Homosexuelle Jugendliche (wie Erwachsene) werden durch gesellschaftliche Umstände oft gezwungen, ihre Homosexualität zu tarnen. Sie gehen zur Tarnung heterosexuelle Freundschaften, ja sogar Ehen ein. Sie werden gezwungen, gegen ihre Gefühle zu handeln und zu leben. Sie werden gezwungen, gegen ihre Natur zu leben. Das ist ihre eigentliche »Sünde«. Das Wesen der Ehe besteht weder im Rechtsakt noch in der Zeugung von Kindern, sondern in der Liebe und der daraus sich ergebenden besonderen Verantwortung zweier Menschen füreinander. Die Liebe ist das Sakrament. Warum soll die Liebe zwischen Homosexuellen nicht wahr, heilig, sakramental sein dürfen?

Ich kenne eine Reihe von homosexuellen Jugendlichen, Jungen und Mädchen. Sie haben alle schwere Jahre durchgemacht, machen sie immer noch durch. – Die Sexualerziehung von Homosexuellen sollte von den gleichen Prinzipien wie die Sexualerziehung der Heterosexuellen geleitet werden. Sie müßte – wie diese – eine die ganze Person umfassende Erziehung sein, die Annahme der eigenen Person, des eigenen Geschlechtes, der eigenen Sexualität vermitteln. Wie kann eine solche Annahme aber je vollzogen werden, wenn von Homosexuellen gefordert wird, nicht homosexuell zu sein? Die geforderte Erziehungsweise müßte Homosexualität nicht nur tolerieren, sondern bejahen. Die Homosexualität wird erst durch die Heterosexuellen zum Problem. Jugendliche müssen ihre Freundschaften offen leben können, benötigen das Angenommenwerden ihrer Freundschaften durch die Umgebung. Die gleiche Möglichkeit sollten auch homosexuelle Jugendliche haben. Ist dies nicht der Fall, werden sie leicht ins Milieu käuflicher Sexualität abgedrängt (in das übrigens oftmals auch Jugendliche gedrückt werden, die auf Grund ihres Gastarbeiterdaseins nur begrenzte Freundschaftsmöglichkeiten haben). Ein Schicksal diskriminierter Minderheiten. Homosexuelle Jugendliche werden auf Grund ihres Empfindens immer wieder einmal verspottet, beschimpft, unterdrückt und geschlagen. Sie werden Opfer eines faschistischen Menschenbildes, das in Über- und Untermenschen einteilt. Gleichgeschlechtliche Beziehungen unter Mädchen sind im allgemeinen leichter lebbar, weil Ausdrucksformen wie Küssen, Umarmen, Hand-in-Hand-Gehen, nicht notwendig Ausdrucksformen ihrer Homosexualität sind. Es entspricht unserem mitteleuropäischen Bild des Mannes, daß er seine Gefühle anderen Männern gegenüber nicht zeigt, auch wenn sie nichts mit Homosexualität zu tun haben.

Die ablehnende Haltung gegenüber der Homosexualität beruht nicht zuletzt auf der homosexualitätsfeindlichen Haltung der katholischen Moral. Schon die allgemeine Sexualpädagogik der katholischen Kirche ist mehr Un-Pädagogik als Pädagogik. Die Kirche akzeptiert kein Sexualleben vor der Ehe und verlangt von Jugendlichen daher, ihre Sexualität entweder zu verdrängen oder zu sublimieren, was immer unter letzterem verstanden wird. Damit löst sie die Sexualerziehung aus der übrigen Erziehung heraus und verhindert eine die ganze Person umfassende Erziehung. Als Konsequenz dieses Verständnisses hat die Kirche den Homosexuellen nur lebenslange Verdrängung mit all ihren Folgen der Selbstablehnung und auch des Selbsthasses anzubieten.

Die Bibel ist kein Lehrbuch der Sozialpädagogik, wie sie kein Lehrbuch der Naturwissenschaften ist. Was sie über die Homosexualität sagt, ist aus dem damaligen Wissen um den Menschen gesagt. Aus dem heutigen medizinischen, psychologischen und sozialpädagogischen Verständnis des Menschen ergeben sich andere Schlußfolgerungen für pädagogisches Handeln, die nicht im Widerspruch zur Heilslehre des Evangeliums stehen müssen. Lösen wir uns doch von einer katholischen Pädagogik, die auf der Wortwörtlichkeit der Bibelzitate beruht und gerade dadurch gegen den Geist des Evangeliums verstoßen kann. Der Schaden, den die Würde der Frau durch isoliert befolgte Pauluszitate erlitten hat, ist inzwischen unbestritten. Es ginge darum, auch die menschliche Würde von Homosexuellen anzuerkennen. Wer homosexuell fühlt, soll homosexuell leben dürfen, sofern er der menschlichen Würde des Partners jene Beachtung schenkt, die auch heterosexuelle Beziehungen zu menschlichen Beziehungen macht. Homosexuelle sind keine größere Gefahr als Heterosexuelle, wenn sie die Möglichkeit haben, ihre Person zu entfalten. Abwegiges Verhalten gibt es unter Heterosexuellen wie Homosexuellen dann, wenn sie ihre Persönlichkeit nicht störungsfrei entwickeln konnten. Wer eine gegebene Homosexualität bejaht, bejaht damit, ebensowenig wie bei gegebener Heterosexualität, ihre von echter Menschlichkeit getrennte Ausübung. In der Praxis ergeben sich bei der hier angedeuteten Einstellung zur Homosexualität viele Schwierigkeiten, weil sie noch im Widerspruch zu einem unreflektierten allgemeinen Empfinden steht, das sich nur sehr langsam verändern läßt. Ich möchte Pädagogen, besonders solche im kirchlichen Dienst, ermutigen, den Freiraum für Homosexuelle zu vergrößern, auch wenn dies mit persönlichem Risiko verbunden ist.

H. erzählt

Als ich ihn das erste Mal bewußt registrierte, war er gut 16 Jahre alt. Das Fernsehen war im Jugendhaus und filmte ihn und seine Clique. Da lief eine Diskussion über Gott und die Welt. H. beherrschte die Szene. Ich habe ihn als einen Jungen in Erinnerung, der schon vieles angedacht hatte, der auf seiner Meinung beharrte. Ein potentieller Stammtischphilosoph.

Ein anderes Mal erlebte ich ihn dann auf dem Bauernhof, der Außenstelle des Jugendhauses. Mit anderen zusammen stürmte er nachts das Haus, nebelte die schlafenden Bewohner mit Feuerlöschern ein, räumte Küche und Eisschrank aus und schoß mit Gaspistolen durch die Gegend. Die Klagen der Gemeinde mehrten sich, die Außenstellenbesucher wurden des Wilderns verdächtigt. Nicht mit Gaspistolen, sondern mit richtigen Pistolen kam einige Zeit später die Polizei zur Hausdurchsuchung: wie es sich bei Gefahr in Verzug gehört, ohne Durchsuchungsbefehl. Die Terroristen waren aber wirklich nicht da.

H. arbeitete bei der zweiten Ausbaustufe des Hofes mit. Eines Tages kam er mit zwei Freunden. Tagsüber lagen sie in der Sonne und pennten, nachts arbeiteten sie. Das war nicht zu überhören. Sie arbeiteten eben antizyklisch. Als er mit seinen Freunden wieder abzog, war es während der nächsten Nächte so ruhig, daß mir dies auch wieder Schlafstörungen verursachte.

Einmal im Jahr, drei Tage lang, knallen die Deutschen 90 Millionen DM in die Luft. Jugendhäusler sind gute Deutsche, da gibt's zu den drei Tagen noch 'ne Vor- und Nachsaison. Das geht dann also so von Weihnachten bis Dreikönig. Wenn du dann friedlich durchs Jugendhaus gehst und neben dir explodiert ein Papierkorb, ohne daß jemand zu sehen ist, dann weißt du: der H. geht um. Das ist seine Handschrift. Den Kanonenschlag so deponieren, daß du saumäßig erschrickst, aber nichts passieren kann. Die Methode macht in weniger feiner Form natürlich Schule. Da kracht's dann schon mal in der Mantelkaputze einer Vierzehnjährigen. Kurzum, die Aktionen können gefährlich werden, wer sich fürs Haus verantwortlich fühlt, kann nicht einfach zusehen. Das ist der Beginn des alljährlichen Hausgeländespieles, das genau den Erwartungen von H. und Co. entspricht. Die Regeln für dieses Geländespiel stehen in keinem sozialpädagogischen Spielbuch, die werden aus dem Gefühl für die Situation und von den Beteiligten auf der Stelle erfunden. Dazu gehört auch, daß abends Freude und Ärger aller Beteiligten gemeinsam begossen wird.

Einmal kam es zu einer heftigen Auseinandersetzung zwischen H. und mir. Das war zu einer Zeit, in der wir noch keine näheren persönlichen Beziehungen hatten und mir der Junge mit seinen ständigen Provokationen auf die Nerven fiel. (Ob ich etwas als Provokation oder als Geländespiel verstehe, hängt auch von meiner Tagesverfassung ab.) H. war also durch irgendein Dachfenster gekrochen und hatte von dort aus eine Attacke gegen Jugendliche in einem Nachbarraum gestartet. Dabei hatte ich ihn gesehen, meine Geduld war gerissen, und ich fuhr ihn vor seinen Freunden an, er solle mal mit mir aufs Zimmer kommen. Er lehnte ab. Ich warf ihm Feigheit vor, er traue sich wohl nicht, mit mir alleine zu reden. Den Vorwurf der Feigheit konnte er nicht auf sich sitzen lassen. Auffahrend kam er mit. Dann knallte ich ihm unter vier Augen all den Ärger, der sich bei mir aufgestaut hatte, an den Kopf. Zu meinem Erstaunen lud er ebensoviel Ärger gegen mich ab. Im Jugendhaus sei alles verboten und nichts los, ich würde ihn und seine Freunde benachteiligen. – Seit dieser Aussprache waren wir Freunde. Wenn wir uns in Zukunft trafen, begrüßten wir uns freudig. Plötzlich wußten wir, woran wir miteinander waren. Wir waren füreinander kalkulierbar geworden.

Ab und zu gab es eine Catcherei. Einmal kam der Fimmel auf, die »Sozis« ans Geländer zu fesseln. Einer nach dem anderen kam dran. Ich sah, daß demnächst die Reihe an mir sein würde. Es gab eine Rangelei. Drei Monate lang schmerzte mich noch die Schulter. H. lachte sich jedesmal halb krank, wenn ich ihm während der folgenden Wochen Vorwürfe wegen meiner schmerzenden Schulter machte. Einmal sagte er mir, daß ich jetzt sein Freund sei; das war ein schöner Tag für mich.

Eines Tages stürzte ein Zivildienstleistender, kein ängstlicher Typ,

zu mir ins Büro: Massenschlägerei vor dem Haus. Vor so einer Situation hatte ich immer Angst gehabt. So eine Massenschlägerei kann man vielleicht im Keim verhindern. Aber was macht man, wenn sie schon ausgebrochen ist? Ein Blick auf die Szene vor dem Haus sagte mir, daß es eine Schlägerei zwischen Italienern und Deutschen war. Die Ursachen waren in der Eile nicht festzustellen. Der Herd der Auseinandersetzung waren H. und M. Meine Devise für so einen Fall ist: dazwischengehen. Die Kontrahenten müssen vom Schlagen wieder zum Reden kommen. Ich fordere zwei verhältnismäßig ruhig gebliebene Italiener auf, M. zu halten und schlinge selbst meine Arme um H.s Leib. So kann ich nicht sehen, wie M. sich nochmals losreißt und dem von mir gehaltenen, jetzt wehrlosen H. mit der Faust voll aufs Maul schlägt. Jetzt war natürlich erneut die Hölle los, auch bei den Umstehenden. Aber ich wußte genau, daß H. sich nicht gegen mich wenden würde. Man kann darüber diskutieren, ob es richtig war, daß ich ihn festhielt. Nicht zur Debatte stand unsere Freundschaft.
H.'s Kniegelenkkrankheit verschlechterte sich. Schließlich wurde er operiert. Er mußte seinen Installateurberuf aufgeben, umschulen. Wieder zurück auf die Schulbank, ins Internat. Heute läuft er im Anzug mit Krawatte als Versicherungskaufmann durch die Gegend. Wenn wir uns begegnen, gibt's immer noch ein Hupkonzert. – Auf den folgenden Seiten schildert er ein paar seiner Lebenserfahrungen.

In der Clique leben

Mit 13 bis 15 Jahren, da war ich in einer Clique drin, die hat unwahrscheinlich gut harmoniert. Das war die glücklichste Zeit in meinem Leben.
Die einzelnen Sachen, die wir gemacht haben, sind ziemlich spontan gekommen. Einmal sind wir an einem Laden vorbeigelaufen und wußten nicht genau, was wir tun sollten. Einer kam auf die Idee, daß sich jeder einen Gockel kauft und dann auf den Kappelberg gehen und diesen heute abend braten. Also gut, dann hat sich jeder einen Gockel gekauft, dann sind wir hoch in unser Zimmer, dann haben

wir den auftauen lassen und sind abends auf den Kappelberg gegangen und haben dort gefestet. Solche und ähnliche Sachen haben wir eben gemacht. Wir sind im Wienerwald gesessen – das war in der Zeit, als ich in der Schule war – und dann in die Lehre gekommen bin. Also fast bis zu meinem 16. Lebensjahr. Da hat es mir kameradschaftsmäßig wunderbar gefallen. Das ist aber schwer zu beschreiben, so etwas muß man einfach erlebt haben. Ich kenne viele Menschen und viele Gruppen, aber ich habe noch keine erlebt, die echt so zusammengehalten hat wie wir.

Wenn irgend etwas war, wenn z. B. irgendeiner Geld gebraucht hat, und er hat gerade keines gehabt, dann hat er von irgendeinem Geld bekommen, ohne daß er darum betteln mußte. Und sogar ohne daß er überhaupt etwas groß gesagt hat und dann hat der andere, der ihm das Geld gegeben hat, nicht gesagt, ich bekomme von dir noch 50 oder 100 Mark oder so, sondern das ist einfach so gelaufen und wenn der andere mal benötigt hat, dann ist der eingesprungen. Es gab keinen Neid, keinen Haß, keine Konkurrenz, das war gar nicht vorhanden. Mir fällt eben immer wieder eins auf, daß bei vielen Leuten bei Geld die Freundschaft aufhört, aber unter Freundschaft kann man auch viel verstehen. Es gibt wenig Freunde, die man hat im Leben, aber es gibt viele Kumpels. Mit Kumpels kann man aber auch eine Freundschaft haben, aber da ist es eine andere Freundschaft wie zu einem Freund. Aber so in unserer Clique, das kann man ruhig sagen, da ist ein Geldbetrag umgelaufen. Wenn einer Geld benötigt hat, dann hat er es von dem gehabt und der andere wieder von dem.

Oder da waren wir einmal in Beutelsbach. Wir waren zu fünft. Zwei haben nur noch Fuffziger dabei gehabt und die anderen nicht. Dann haben wir nachts wieder heimfahren müssen und dann hat der eine drei Stück auf seine 50er genommen und auf der anderen sind wir zu zweit gefahren. Das ist dann einfach so gegangen, ohne daß einer gesagt hat, mein Gerät geht kaputt, oder wenn die Polizei kommt. Das ist ohne weiteres einfach so gegangen, das war eine ganz normale Sache. Heutzutage – ich weiß nicht, ich bin noch nicht so alt, aber ist dies überhaupt nicht mehr die Regel. Da ist gar kein Verhältnis mehr da bei anderen Gruppen, was ich so sehe. Jeder

sagt, das mache ich nicht gern, aber daß mal einer sagt, ich mache es aus dem und dem Grund nicht. Nein, dann wird immer rumgedruckt oder wird die Frage überhört. Ich finde, das ist die schönste Zeit gewesen in meinem Leben, ohne Probleme.
Ich verstehe als Gruppe eine Clique, die zusammengehalten hat in jeder Lage. Und ich meine, das ist heutzutage gar nicht mehr drin, es schaut jeder nur noch nach sich, und wenn er irgendwie etwas für den andern tun muß, dann heißt es, ich muß heute da hin, ich muß einkaufen, ich muß dies oder jenes machen, und wenn man dann etwas aufpaßt, dann merkst du, daß es gar nicht so ist, daß er es nur als billige Ausrede gemacht hat, und das hat es bei uns damals gar nie gegeben. An so etwas kann ich mich gar nicht erinnern. Oder daß da einer groß den anderen übers Ohr gehauen hat, das gabs gar nicht.
Die Gruppe hat sich dann aufgelöst:
Wir waren nicht mehr so viel beieinander damals, und das ist eben eine ganz normale Regelung vom Leben, die dadurch bedingt ist, daß einer ein Mädchen hat und dann ist es logisch, daß er sich seiner Freundin mehr widmet. Deshalb ist ein Mensch dann auch ganz anders anfällig gegenüber verschiedenen Sachen, die vorher keine Bedeutung hatten. Zum Beispiel, wenn ein Freund etwas zu ihm sagt oder seine Freundin, das ist doch ein Unterschied, Freundschaft oder Freundin. Außerdem, wie ist er veranlagt – läßt er seinen Freund mehr sagen oder seine Freundin. Das ist immer so eine Sache. Beispielsweise, wenn er eine Freundin hat, dann will er lieber mit ihr allein sein, weil er sich mit ihr doch besser versteht als mit seinen Freunden.
Als dann die Interessen der einzelnen sich auseinanderentwickelten, ist auch die Gruppe auseinandergegangen.

Lehrer waren meine Gegner

Die Schule hat mir bis zu meinem 15. Lebensjahr überhaupt nicht gefallen. Es war eben ein Muß – wie wenn einer in der Wildnis ist, und da muß er eben irgendwie mal lernen, sich zu ernähren, und wenn man in der Zivilisation ist, muß man auch lernen, sich zu ernähren. Da nimmt man eben den Weg, wo die Ernährung am besten ausfällt. Bei einer Jagd jagt man eben nicht Mäuse und Ratten, sondern solche Tiere, die besser zu kriegen sind, z.B. Antilopen. Wenn einer in der Zivilisation ist, dann jagt er das, was für ihn am besten ist und nicht zu schwierig zu erreichen, und das lernt er nun mal durch die Schule. Wenn du dich dann später gegen die Zivilisation stellst – also gegen die Gesellschaft – dann ist das der schwierigere Weg. Dann wäre das genauso, wie wenn du im Busch Ratten und Mäuse jagen würdest.

Für mich war der Lehrer ein Gegner. Es war für mich ein Mensch, der will mir was beibringen, aber er will mich auch irgendwo reintunken, und ich laß mir nicht gern was vorschreiben. Ich möchte gern selber etwas machen. Deswegen habe ich den Lehrer immer als Menschen gesehen, der mich irgendwo reinpreßt. Oder mich zwingt, in die Richtung mußt du gehen und alles andere ist Scheiße. Da haben wir halt immer Trouble gemacht, irgendwas, Stinkbomben losgelassen. Solche Sachen eben. Strom oder Sicherung rausgeschraubt im Werken, das war, als ich noch ein Pimpf war, als ich noch in die Grundschule gegangen bin.

Irgendwo muß doch ein Erfolg da sein. Wenn der Lehrer sagt, das ist ganz normal und ich, als Lehrer, schmeiß auch noch eine Stinkbombe, dann wäre kein Erfolg da, dann würde man das ja nicht machen. Das Erfolgserlebnis ist maßgebend. Und wenn das etwas ganz Normales ist, daß man Stinkbomben im Unterricht schmeißt, dann hätte ich das auch nicht gemacht. Aber es ist ja nichts Normales und immerhin hat es da Einträge und Schulverweise gegeben dafür, aber ich bin nicht von der Schule geflogen.

Einmal ja, aus lauter Spaß an der Freud habe ich einen fauligen Apfel in der Hand gehabt – da war ich aber schon älter – und da habe ich dem Lehrer den Apfel an den Ranzen geschossen, aber aus ziemlicher Entfernung, weil der mich immer so runtergesetzt hat. Da habe ich den Apfel genommen und voll auf den Körper geschossen. Da war sein Anorak total matschig und dreckig. Mich hat aber irgendeiner verraten, und ich weiß bis heute nicht, wer. Ich sitz da im Unterricht und da kommt plötzlich jemand vom Rektorat und holt mich zum Rektor. Und dort war der Lehrer auch und dann hats eben

Schwierigkeiten gegeben. Unser Rektor machte eben aus einer Mücke einen Elefanten, und er hat gesagt, ich soll den Anorak in die chemische Reinigung geben und wieder imprägnieren lassen – daß er nicht noch gesagt hat, ich soll den Reißverschluß aufmachen, wenn er das Ding in die Reinigung gibt, das war ein Wunder. Er hat die Sache ziemlich hochgeschaukelt. Also, da war schon gewaltig was los. Und wenn nochmal irgendwas vorkommen würde, dann fliege ich von der Schule, für ein oder zwei Wochen. Ich habe mich dann eben nicht mehr erwischen lassen.

Wie der Lehrer auftritt, so verhalten sich die Schüler. Wie der die anschreit, so betragen sich auch die Schüler. Und je älter sie sind, desto mehr Feingefühl muß der Lehrer haben. Weil die Schüler – je älter sie sind – mehr denken, sie haben mehr andere Ansichten wie einer, der erst in der 2. Klasse ist. Wenn da einer auftritt wie der Al Capone – wer mit mir geht, der geht mit mir, wer gegen mich ist, der ist gegen mich – dazwischen gibts nichts – das hats bei mir auch gegeben, so einen Lehrer, der hat es ehrlich fertiggebracht, daß die ganze Klasse total perplex ist, also nicht mehr weiß, wo's vor- oder zurückgeht. Dreiviertel der Klasse war gegen ihn. Den Lehrer hat auch schon eine Klasse abgelehnt. Bloß hat damals das unsere Klasse nicht machen können. Weil in unserer Klasse haben höchstens drei Stück das Maul aufgerissen, gegen ihn. Der eine hat sich's auch erlauben können, der kam vom Gymnasium. Der andere, der hat ab und zu mal was gesagt, der hatte mittlere Reife-Abschluß gehabt, der war 17 Jahre alt. Und der dritte war ich, und ich habe mir's überhaupt nicht erlauben können, weil ich das alles also nicht gepackt habe in der Schule. Aber ich habe mir eben nicht alles gefallen lassen und je schlimmer es geworden ist, desto mehr habe ich das Maul aufgerissen. Je weniger ich zu verlieren hatte, desto mehr habe ich eben den Lehrer bearbeitet.

Und dann hat er wieder so ein Ding gebracht, das ist so ein richtiger Diktator – wer nicht für mich ist, ist gegen mich, und wer gegen mich ist, den bekämpfe ich. Wenn einer es aushält, drei Jahre bei mir zu sein und nicht schlechter ist wie eine bestimmte Note (ich weiß nicht mehr genau welche), der schafft auch seine Prüfung.

Aber was mit den anderen ist, die in der Gosse landen oder sonstwo, das ist dem im Endeffekt dann scheißegal, und ich meine im ersten Jahr hat der bestimmt fünf Stück abgeschoben. Der hat sie im Betrieb so madig gemacht, daß die mit der Lehre aufgehört haben. Bei mir hat er es auch probiert und da habe ich gesagt, an Ihrer Stelle wäre ich nicht so überschlau, denn über Ihre Methode habe ich meinen Betrieb schon lange benachrichtigt. Ich bin so ehrlich, ich kann meine Meinung immer vor dem Chef vertreten. Aber komischerweise hat der ab dem Zeitpunkt nie mehr erwähnt, daß er meinen Betrieb benachrichtigen will. Und ab da hat er auch nie mehr irgendwas gesagt mit Betrieb benachrichtigen. Vielleicht hat er da Angst gekriegt oder sich Gedanken darüber gemacht, über was ich gesagt habe, das war ja kein Bluff, sondern Tatsachen. – Und solche Lehrer treten dann auf, eben wie ein Diktator und so einen Typ bekämpfe ich und da würde ich sogar – wenn es in einer anderen Situation wäre – da würde ich sogar mein Leben dafür geben.

Schule sollte so sein, wie sie bei meinem Werkstattlehrer war. Der muß mich unheimlich sympathisch gefunden haben, ich weiß zwar nicht warum, ich war kein Ass, war ich noch nie in der Schule, weil ich schon gar nicht das Durchhaltevermögen gehabt habe. Über eine bestimmte Zeit bringe ich eine Leistung, die optimal ist und dann gefällt es mir nicht mehr. Dann habe ich aber auch absolut keine Lust mehr und dann gibt es einen rapiden Abfall. Die ganze Zeit muß man sich selbst motivieren und wenn man sich die ganze Zeit selbst motiviert, irgendwann geht einem die Konzentration und Kondition kaputt, weg. Dann kommen äußere Einflüsse dazu, familiäre oder sonstige, und dann hat man eben nicht mehr die Lust dazu. Gerade mein Werkstattlehrer, das war schon im 2. Lehrjahr, da war ich auch Klassensprecher – aber das ist ja nicht so wichtig jetzt. Und dann haben wir Zeichnen gehabt, nachmittags und morgens haben wir Werkstatt gehabt, vier Stunden Werkstatt, vier Stunden Zeichnen, wenn ich dann morgens Werkstatt gehabt habe, da hat sich das – weil wir ja sowieso einen Beruf gehabt haben, wo man kaum mal einen sauberen Finger hat, hat sich das alles in den Poren festgesetzt; wenn man ein bißchen arbeitet, dann kommt immer ein wenig Schweiß an die Finger, deshalb gibts Flecken, wenn man an das Blatt (im Zeichnen) kommt, und das wird ja alles benotet im Zeichnen.

Sauberkeit vom Blatt usw., Fingerabdrücke usw. Dann habe ich gefragt, wie ich das machen soll, und bin zum Werkstattlehrer und habe gesagt, daß ich ein Handwaschmittel möchte, er hat immer welches gehabt, er hat das aber nicht so rausgerückt. Ich habe aber nie viel genommen und einmal ist er mir nachgegangen und da muß er gesehen haben, wie ich von meinem bißchen noch verteile an ein paar andere. Ich habe schon gesehen, daß er kommt, aber ich habe nicht genau gewußt, auf was der guckt. Beim nächsten Mal sagt er, als ich wiederkam, warum ich immer kommen würde wegen Handwaschmittel holen. Da habe ich es ihm gesagt, da meinte er, ich könnte es ja auch von zu Hause mitbringen, aber ich könnte immer kommen und holen – da habe ich nicht gewußt warum. Mit der Zeit habe ich dann schon rausgekriegt – mal hat er gesagt: »Du kannst ruhig mehr nehmen, weil Du ja sowieso verteilst.« Deswegen vermute ich, daß er das irgendwann mal gesehen hat und daß ihm das irgendwie gefallen hat. Und einmal hat er gesagt, auch wieder beim Handwaschmittel holen, da hat er mich angerempelt und hat gesagt: ... mit dir würde ich auch gern mal catchen. Und ich meine, das ist doch auch ein klasse Verhältnis, oder? Und ich bin doch bestimmt kein Streber. Das war einwandfrei, das Verhältnis. Der hat mich auch nicht bevorzugt, nichts, das war optimal, das ist doch Klasse. Die Person des Lehrers ist unwahrscheinlich wichtig, das Wichtigste am ganzen Lernen. Daß man bei Aufsätzen bei verschiedenen Lehrern verschiedene Noten kriegt, ist altbekannt. Aber bei Mathematik und bei Englisch oder sonstigen Fächern, da gibt's Normen und das wird nur danach benotet. Beim Aufsatz kann man nach x-erlei Normen benoten. Der eine, dem gefällt die Ausdrucksart und dem anderen eine andere. Ich habe z. B. eine Ausdrucksart im Aufsatz gehabt, die hat keinem gefallen. Ich habe zuviel normale Ausdrücke, und ich habe das nie so geschmalzt geschrieben, immer so direkt, und das hat denen gar nicht gefallen. Das habe ich auch gemerkt und habe auch bloß einen Vierer gekriegt. Mal auch 4,5. Und in Mathe, da muß man etwas erklären, und der Lehrer, schon allein wie der das erklärt, der Ton und ob der den Schülern sympathisch ist, das macht schon unwahrscheinlich viel aus. Wenn einer schon so abweisend kommt, dann kommt auch der Schüler abweisend, und wenn der Schüler einmal abweisend kommt, dann geht gar nicht so viel rein, wie wenn der... Beispielsweise von einem Kamerad, da laß ich mir doch viel mehr sagen wie von irgendeinem Typ, den ich nicht leiden kann, oder? Beispielsweise im normalen Leben, mit dem vergleiche ich das. Wenn jetzt einer kommt und sagt zu mir etwas, was wahr sein muß, dann merke ich mir das jetzt, aber ich merke mir das nicht auf die Dauer, weil ich irgendwie eine Abneigung gegen den Mensch habe, obwohl ich mir ja selber schade. Aber in dem Moment bist du dir gar nicht so richtig bewußt, daß du dir selber schadest. In dem Moment siehst du nur den Typ und er hat ja recht in dem, was er dir erklärt. Und dadurch, daß du das weißt, hast du schon wieder eine Abneigung gegen ihn, weil du das absolut nicht widerlegen kannst. Und wenn du das nicht widerlegen kannst, dann ist die einzige Waffe Ablehnung, indem du das einfach nicht so begreifst, wie wenn das gleiche zu dir ein Kamerad sagt. Obwohl das sinnmäßig genau das gleiche ist, außer daß die Wörter und der Ton anders gewesen sind. Und das macht unwahrscheinlich viel aus. Es gibt Lehrer, bei denen lernt man überhaupt nichts, und genau derselbe Schüler ist bei einem anderen Lehrer um eine ganze Note besser. Das kommt nicht von ungefähr, das kommt von der Sympathie vom Lehrer. Es kommt ganz darauf an, was für einen Lehrer man hat, wie der sich gibt usw. Ob er auf Kameradschaft mehr Wert legt. Im Grunde genommen ist das doch genauso eine Erziehungsperson wie Vater und Mutter, lediglich daß Vater und Mutter dich in die Welt gesetzt haben, daß du mit denen ißt und daß im Endeffekt doch der Vater das Wort hat. Aber wenn der Lehrer doch eine Richtung weisen kann, der muß ja nicht sagen: He, nicht Fingernägel kauen oder sowas, das ist dann der Eltern ihre Sache. Aber er kann doch zumindest sagen, wenn irgendeiner kommt und einen anderen verratet, daß er ein Petzer sei. Das kann er doch den kleinen Kindern schon von vornherein sagen, das Verpetzen bringt ja nichts, weil du den verpetzt hast, wird er halt bestraft. Fertig aus. Wenn das viele Lehrer machen würden, dann würde es die Falschheit und den Betrug in den unteren Klassen schon weniger geben. Aber nein, der wird sogar noch gefördert. Wenn das schon in den Klassen der Kleinen ankommt, dann kommt's in denen der

Größeren erst recht an. Und wenn's da ankommt, dann ist das ganze Leben nämlich so. Und deswegen finde ich das Leben nicht schön. Ich finde es ist gut, wenn man sich durchboxt, aber wenn ich mir's aussuchen könnte, daß irgendwas schöner ist, also einen anderen Zustand, also der Tod ist schlecht, dann ist nichts mehr da, aber wenn's jetzt irgendwie einen anderen Zustand geben würde, der besser oder gleich gut ist, ich würde es sogar wagen, den anderen Zustand anzunehmen, wenn er mindestens gleich gut ist. Denn das Leben hängt für mich soviel von den Menschen selber ab.
Die Macht. Wenn jemand Macht hat, und der kann nicht damit umgehen, dann gibt er die falsche Richtung an. Die Lehrer, das ist mir schon aufgefallen, also bestimmt die Hälfte, können mit der Macht nicht umgehen. Das ist meine feste Überzeugung. Die lernen die Schüler nach der Norm zu behandeln, die oft für den einzelnen Menschen nicht paßt.
Wenn du ganz genau weißt, daß du die Starken hinter dir hast, da bist du ein ganz anderer Mensch, viel sicherer, viel leichter gehst du dann an die Sache ran, und das ist eben etwas ganz Besonderes. Wenn das in der Schule so wäre, das wäre herrlich. Allerdings müssen dann die Lehrer auch ziemlich standhaft sein, wenn das nämlich schon eine Klasse macht, so zusammenhalten, und ein Lehrer kommt dann auf die Tour, wie der erste Lehrer, dann fährt der ein und das wäre das Beste, was es geben würde. Solche Lehrer gehören in meinen Augen sofort weg vom Fenster. – Die haben den Beruf verfehlt. Wenn du in deinem Beruf irgendwas machst, was irgendwie dem Kunden nicht gefällt, dann bist du doch weg vom Fenster, oder? Der Kunde ist in dem Moment doch der Schüler, oder? Ohne die Schüler wäre der Lehrer doch arbeitslos.
Dann noch die Linkheit grad bei dem Lehrer, war Elternabend, dann spielt er den Braven: Ja, ich habe den Schülern zu viel zugemutet. Kommen wir wieder in die Klasse, wurde gleich eine Arbeit geschrieben. Gleich wieder das Gegenteil, andersrum. Und das sind solche Lehrer, die gehören in meinen Augen weg. Der Lehrer, den wir im ersten Lehrjahr gehabt haben, hätte bei uns das zweite und dritte Lehrjahr nicht überlebt. Solche Lehrer müßte man auch noch erziehen. Weil die könnten sich nämlich genauso ändern, wenn die

nämlich eins auf's Dach kriegen, dann sind sie vorsichtiger. Aber es ist so, die meisten Schüler sind von vornherein schon so verschüchtert, und wenn dann die falschen zusammenkommen in der falschen Klasse, ist es aus.

Viele meinen, wenn jemand klein ist und ruhig und still, das ist bestimmt ein guter Schüler. Wenn jemand groß und laut ist und schreit, das ist ein schlechter Schüler. Weil, derjenige wehrt sich gegen das, was er soll. Der Kleine, Stille wehrt sich nicht gegen das, was er lernen soll. Einen kleinen Stillen kannst du viel mehr lehren, weil er nicht widerspricht wie ein Großer, der schreit. Also dann muß ich eben den Großen klein machen, daß er es lernt. Aber wenn sich der Große nicht klein machen läßt, weil er die Kleinen nämlich alle im Rücken hat, oder wenn sich der Kleine gar nicht so klein vorkommt, weil er nämlich die Großen im Rücken hat, dann wird das Ding nämlich grad andersrum, dann muß nämlich der Lehrer aufpassen, daß er nicht kleingemacht wird. Das ist für mich eine Sache. Der Lehrer muß doch ein Erfolgserlebnis haben, oder? Die Lehrer, die so link und stur sind, die haben das Erfolgserlebnis, indem sie anderen wehtun können. Daß sie andere miesmachen können oder daß sie noch eine Elitetruppe haben nach drei Jahren. Nur solche, die sozusagen Streber sind, also abends hinhocken und ihr Zeug büffeln, aber warum sie büffeln, nicht aus Spaß an der Freud, sondern weil sie es müssen. Sonst haut der sie auch in die Pfanne.

Wenn ein Schüler einen Lehrer hat, zu dem er gern geht, dann lernt der auch lieber. Wenn ich jetzt beispielsweise keinen Spaß habe an einem Stoffgebiet und der Lehrer ist gut, der ist spitze, klasse Typ, daß ich dann aber 100%ig mehr lerne bei so einem Lehrer als bei einem, der mir unsympathisch ist und ich auch noch kein Interesse am Stoff habe, das steht fest. – Daheim lerne ich dann nichts, weil mir der Stoff nicht gefällt. Wenn der Lehrer mir aber sympathisch ist, dann brauche ich nämlich zu Hause grad soviel zu lernen, daß mein schlechtes Gewissen ins Reine kommt, aber das, was der Lehrer vorne gesagt hat, bleibt auch noch ein bißchen im Kopf drin, weil mir nämlich der Lehrer sympathisch ist.

Kommentar

Über die Schule sind schon jede Menge schlaue Bücher geschrieben worden. Mit erheblichem finanziellen Aufwand werden didaktische Methoden verbessert, Schulreformen eingeführt und wieder rückgängig gemacht – beides oft im Hau-ruck-Verfahren, mehr politisch als wissenschaftlich fundiert. (Einführung und Abschaffung der Mengenlehre in Baden-Württemberg, Hin und Her bei der reformierten Oberstufe). H. macht in seinen Gedanken über die Schule auf viel Wesentlicheres aufmerksam: auf den Zusammenhang zwischen Lehrerpersönlichkeit und Lernerfolg. Hier geht es nicht um noch mehr Geld für Schulen, sondern um die Einsicht, daß zwischen qualifizierten Pädagogen und interessierten Schülern, schwachen Lehrern und schwachen Schülern ein Zusammenhang besteht.
Daß Schulversagen und die damit nachweisbar verbundene erhöhte Wahrscheinlichkeit des Versagens in der Gesellschaft nicht einfach auf Faulheit der Schüler gründet, hat sich inzwischen wohl herumgesprochen, bloß zieht man noch immer nicht die Konsequenzen daraus. Die menschlichen Qualitäten der Lehrer als Voraussetzung für die Ausübung ihres Berufes werden immer noch zu wenig berücksichtigt.
H. schlägt vor, den Schüler als Kunden der Schule zu sehen. Implizit schlägt er damit eine der sozialen Marktwirtschaft durchaus entsprechende Schule vor. Wer in Moskau ein staatliches Massenrestaurant besucht, stößt auf desengagierte Kellner, die dem Besucher schon klar machen, wer hier das Sagen hat. Unser Schulsystem ist eben immer noch ein obrigkeitsstaatliches, das ins Gesellschaftssystem von Diktaturen jeglicher Couleur paßt. Da paßt der Schüler als Objekt hinein. Der Schüler als Kunde, als Subjekt seiner Ausbildung wäre eine ganz andere Herausforderung für den Lehrer.
H. ordnet Lehrer als Gegner ein, die ihn wo »reinpressen« wollen. Dabei leugnet er nicht die Notwendigkeit gesellschaftlicher Sozialisation. (Beispiel vom Unterschied zwischen dem Mäuse- und Antilopenjagen). Er versteht aber Sozialisation als einen Prozeß, der auch das Ausprobieren des »nicht Normalen« mit einschließt. Dabei will er nicht, daß der Lehrer das »nicht Normale« (Stinkbombenwer-

fen) einfach als normal einstuft. Da würde ja kein Ausprobieren von Normüberschreitung vorliegen. Er befürwortet durchaus den Widerstand, der ihm erst ein »Erfolgserlebnis« ermöglicht. Als Widerstand darf der Lehrer aber nicht einfach eine Mauer sein, an der der Schüler abprallt, sondern er muß eben ein Mensch sein, mit dem man auch streiten und kämpfen kann. In H.'s Erzählung ist der vom faulen Apfel getroffene Lehrer zum Rektor gelaufen, statt sich direkt mit dem Schüler auseinanderzusetzen.

H. lehnt den Lehrer als Diktator ab. (Daß er dabei Al Capone implizit mit Christus gleichsetzt, wirkt im ersten Moment vielleicht etwas schockierend. Wenn man aber überlegt, daß sich die katholische Kirche in der Ableitung und Rechtfertigung ihres oft autoritären Verhaltens auf Christus beruft, dann ist es eher eine solche Kirche, die Christus als Al Capone darstellt.) Er begründet dies ganz treffend mit der Menschenverachtung von Diktatoren. – Was mit den Schülern passiert, die in der Gosse landen, ist dem Lehrer, der sich als Diktator gibt, scheißegal. – Dabei hat H. nichts gegen Autorität. Er spricht durchaus mit Respekt von seinem Chef (am Arbeitsplatz), dem gegenüber er seine abweichende Meinung frei vertreten darf.

H. stellt klar, daß es zur Unterstützung der Motivation den Lehrer braucht, daß Schüler überfordert sind, wenn sie sich dauernd nur selber motivieren sollen. Bei ihm selbst wird die gute Beziehung zum Werkstattlehrer zur ausschlaggebenden Motivation. Ein unbezahlbares und doch nichts kostendes didaktisches Mittel des qualifizierten Lehrers, der bei uns allerdings oft selbst eine Ausbildung genießt, in deren Mittelpunkt nicht unbedingt die Bildung des Menschen steht. H. stellt an die Lehrer Ansprüche, die über die Wissensvermittlung hinausgehen. Sozialpädagogische Ansprüche, wenn man so will. Der Lehrer soll das Petzen nicht fördern, weil dies über die Schule hinaus »Falschheit« fördert. Im Grunde genommen paßt das Petzen wieder voll in ein obrigkeitsstaatliches Schulssystem und dieses eben nicht in ein demokratisches Gesellschaftssystem. Wer das Petzen unterstützt, indem er sich seiner bedient, fördert Spitzelwesen und Überwachungsstaat.

H. verlangt schließlich eine partnerschaftliche Schule. Lehrer und Schüler sollen nicht der Meinung sein, sich gegenseitig klein

machen zu müssen. Das würde zu einem schulisch unproduktiven Prozeß ausarten. Er deutet Erfahrungen mit sadistischen Lehrern an, wenn er sagt, daß manche Lehrer ein Erfolgserlebnis hätten, wenn sie anderen wehtun können. – Sadismus zeichnet wiederum besonders die Schergen von Diktaturen aus.
Schließlich sei noch bemerkt, daß H. zwar keine flüssige Sprache besitzt, aber dennoch Relevantes zu sagen hat. Das gilt auch für seine folgenden Beiträge.

Polizisten haben Macht

Zur Polizei habe ich ein Verhältnis, wie ich es zu den meisten meiner Lehrer hatte. Polizisten sind Leute, die haben Macht und die können mit der Macht nichts anfangen. Die brauchen Erfolgserlebnisse, indem sie andere irgendwie niedermachen. Das ist für die ein Erfolgserlebnis, das ist für die ein und alles. Die falschen Leute, die absolut nicht tragbar sind, haben da Vollmachten. Und die größte Schweinerei, die ich von vornherein nicht akzeptiere, ist, daß sie die Bevölkerung über ihre Rechte total im Unklaren lassen. Polizei ist nötig, genauso wie ein Lehrer nötig ist, in unserer Zivilisation, aber unter nötig verstehe ich, der Verkehr bricht zusammen, es ist ein Verkehrsunfall, es müssen Verbrechen bekämpft werden, aber nicht, daß man solche Leute, die Geltungssucht treibt, daß man die noch unterstützt. Diese Menschen schaden nämlich der Polizei, die schaden dem Image und die schaden den Polizisten, die es anders machen. Das ist schade, daß es zuviel von diesen Polizisten gibt, die machen viel kaputt, viel zu viel kaputt. Und da sollte man mit der Bevölkerung gegen solche Polizisten zusammenarbeiten wie gegen Verbrecher, weil die sind schlimmer als Verbrecher, weil sie das Gesetz im Rücken haben. Das ist die Schweinerei an der Sache. Der Verbrecher schadet einem, aber der Polizist schadet mehreren. Wenn er nämlich jeden Tag oder jede Woche so und soviele Leute gegen die Polizei aufbringt – nicht gegen sich – sondern gegen die Polizei, und der Verbrecher, wenn der irgendwie jemand beklaut, dann hat der die Versicherung gegen sich, weil der Beklaute meistens versichert ist und wieder die Versicherung schröpft, also nur indirekt geschädigt wurde. Aber der Polizist macht es ja direkt. Und ich glaube nämlich, mit dem Direkten schadet er mehr, vor allem schadet er da dem Organ, mit dem man tagtäglich gut auskommen sollte, aber wo du gar nicht gut auskommen kannst, wenn es da so Möchtegerns hat, die der Boß sein wollen, solche Typen schaden einfach der Polizei.

Wir waren mal auf dem Fellbacher Herbst. Da hat die italienische Blaskapelle gespielt. Da sind wir noch draußen vor dem Zelt gestanden und viele Leute, Erwachsene, quer durch die Bevölkerungsschichten. Alles war da vertreten, und die haben da gespielt, »Marina, Marina« und so, das Volk hat geklatscht, getanzt und so – es war Fellbacher Herbst. Na gut, da sind viele hinterhergelaufen, da waren wir so zwei- bis dreihundert Meter weiter weg vom Zelt, das war vorn am Hallenbad, eine total durchwachsene Gruppe, Junge, Alte, noch Ältere, also so 30, 40, 45, so in dem Alter ungefähr war alles vertreten, und wir haben da alle so gesungen. Da fahren auf einmal Polizisten vorbei, das war zweimal dasselbe Auto, da hat aber keiner was gesagt, daß wir von der Straße verschwinden sollen usw. Wir haben auch niemand behindert, nur gesungen und trompetet. Ich meine, das ist ja nicht schlimm, es ist ja ein Fest, und die Leute haben alle getanzt, und wir haben einen ganz großen Kreis gemacht und so getanzt, und dann war gerade Pause, – und wir sind da mit den Musikern gestanden, die anderen Leute sind dort mit den Musikern gestanden und haben geredet, bis halt wieder einer anfängt mit Blasen. Und grade wie der anfängt, fährt ein VW-Bus vorbei von der Polizei. Die Polizisten steigen aus, und wir haben uns gerade wieder zum Tanzen zusammengefunden; ich hab so eine Frau im Arm gehabt, wie alt wird die gewesen sein, vielleicht so 35, das war im rechten Arm, und am linken Arm meinen Kumpel. So sind wir dagestanden und haben die nicht beachtet, wir haben gemeint, die fahren halt ihre Streife. Die aber steigen aus dem Auto, kommen hergerannt und hauen mir auf den Arm drauf, so mitten rein, ohne irgendwas, A oder B zu sagen, nichts. Als ob wir irgend jemand überfallen würden gerade. Absolut überhaupt nichts geredet. Und ich habe doch die Frau im Arm gehabt, die habe ich natürlich gleich

losgelassen, ich kann doch die Frau nicht belästigen oder rumziehen. Und die hat sich ja auch mit eingehängt bei anderen und dann haut mir einer links auch noch eine rein, und da habe ich gedacht, was wollen die denn, und dann haben sie meinen Kumpel weggezogen, dann habe ich gesagt: was wollt ihr denn von dem? Und da habe ich noch gar nicht gewußt, daß die auch was von mir wollen, und da zieht der mich hier am Arm weg und prügelt da auf mich ein, und ich sag, ja was wollt ihr denn? Ja, das machen wir auf der Wache. Ich bin da immer ein bißchen skeptisch, wenn du auf der Wache erstmal bist. Und ich sage: auf der Wache, was wollen wir denn auf der Wache? Das war das einzige, was ich noch gesagt habe, dann hat der sein Tränengas-Dingsbums da rausgezogen, sieht aus wie eine Pistole, und drückt ab und irgendwie, ich weiß auch nicht wie, auf jeden Fall hat er mich nicht getroffen, wo er wollen hat, und da ist mir das unten an den Hals rangespritzt, und die anderen sind auf die Polizei gekommen.
Ich habe mich in dem Getümmel abgesondert. Mir ist das ganze Tränengas da rein und in die Augen gestiegen, dann habe ich alles, was ich an Spucke hatte, in die Hand gespuckt und habe mir meine Augen so ausgerieben mit dem Zeug, und dann war's auch gut, und das hat sich alles mehr oder weniger verteilt. Dann sind mir eben monatelang da unten meine Barthaare ausgegangen, und einen großen roten Fleck hab ich da unten gehabt. Das war monatelang danach noch. Und damals hätte ich ja Anzeige erstatten können, aber irgendwie war ich da nicht schlau genug, oder ich wollte keinen Trouble mehr. Heute, ja, heute würde ich es machen, so schnell wie möglich würde ich da zum Arzt gehen. Habe Schiß gehabt noch und absolut, weil du nicht weißt, was für Rechte du hast. Die haben gesagt, ein Anwohner hätte sich beschwert, und nachher ist aber rausgekommen, es hat sich gar keiner beschwert, und die anderen zwei sind dann verdonnert worden gegen Widerstand gegen die Staatsgewalt, ja, es hat überhaupt niemand Widerstand geleistet, weil, wenn wir echt Widerstand geleistet hätten, dann wäre es doch meiner Ansicht nach nicht so ausgegangen, daß zwei Stück abtransportiert worden wären. Also unter Widerstand verstehe ich entweder, ich setze mich hin, passiv, oder ich schlage um mich und schlag

irgend jemand zusammen. Aber unter Widerstand gegen die Staatsgewalt da verstehe ich doch nicht, daß mich einer schnappt von der Polizei und ins Auto reintut und dann auf der Polizeiwache verhört. Ist das Widerstand gegen die Staatsgewalt?
Das sind eben Sachen, wo die Bevölkerung irgendwie aufgeklärt werden sollte.

Kommentar

H. schildert einen alltäglichen Zusammenstoß mit der Polizei. Hauptschüler und Lehrlinge geraten häufiger als Gymnasiasten in Konflikt mit der Polizei. Selbst wenn klar ist, daß der Vorfall subjektiv gefärbt dargestellt ist, sind die daraus gezogenen Schlußfolgerungen Realität, die zu berücksichtigen ist, um so mehr als einige der Konsequenzen auch von einschlägigen sozialwissenschaftlichen Studien bestätigt werden. Eltern und Erzieher sollten sie berücksichtigen.
Polizisten sind tatsächlich Leute, die Macht haben. Sie laufen besonders dort Gefahr, sie zu mißbrauchen, wo sie sich mit einem gewissen Volksempfinden in Übereinstimmung wissen oder keinen Widerstand gegen ihr Vorgehen befürchten. Allerdings wird ihrem Machtmißbrauch auch durch ein Zuviel an gesetzlich gewährtem Ermessensspielraum Vorschub geleistet. Im Sinne der Rechtsstaatlichkeit sollte dieser Ermessensspielraum eingeschränkt werden. Die politische Entwicklung geht leider in die entgegengesetzte Richtung. Mit der Behauptung, Gefahr sei in Verzug, können Polizisten praktisch in jede Wohnung auch ohne Durchsuchungsbefehl eindringen. Erst nach energischen Protesten auf entsprechende Vorfälle hin, konnte im Jugendhaus Fellbach dieser Mißbrauch eingestellt werden.
Kinder unter 14 Jahren, die nicht strafmündig sind, wurden beim Erdbeerklauen in Fellbach ertappt, auf die Polizeiwache gebracht und unter Androhung ansonstiger Benachrichtigung der Schule gezwungen, an der Klauerei beteiligte Mitschüler zu verraten. Wären sie über 14 Jahre alt gewesen, wäre die Polizei verpflichtet

gewesen, sie über ihr Recht, die Aussage zu verweigern, zu informieren. Natürlich müssen auch noch nicht Strafmündige vor der Polizei nicht aussagen, bloß ist diese in solchen Fällen nicht verpflichtet, die Kinder darüber aufzuklären.

Eltern und Erzieher sollten Kindern und Jugendlichen immer wieder empfehlen, im Falle von Schwierigkeiten mit der Polizei zunächst ihr Recht auf Aussageverweigerung in Anspruch zu nehmen, bis sie sich von Eltern, Erziehern, Anwälten beraten lassen haben. Egal ob sie als Beschuldigte oder als Zeugen von der Polizei vernommen werden, haben sie das Recht, vor der Polizei alle Angaben, die über die Angaben zur Person hinausgehen, zu verweigern. (Jugendliche wissen manchmal gar nicht, ob sie als Angeklagte oder als Zeugen vernommen werden.) Der Gesetzgeber hatte gute Gründe, dieses Recht zu beschließen, und es ist keine Schande oder deutet nicht auf Staatsfeindlichkeit hin, wenn man dieses Recht in Anspruch nimmt.

H. weist zurecht darauf hin, daß Jugendliche ihre Rechte zu wenig kennen. Die Folge ist, daß sie in ihrer Vertrauensseligkeit Angaben machen, die dann wieder – bei Anklage – gegen sie verwendet werden. Zwischen den Interessen der beschuldigten Jugendlichen und den Interessen der Polizei besteht ein unaufhebbarer Widerspruch. Polizisten sind keine Sozialarbeiter. Polizisten haben den Auftrag, Straftaten aufzudecken, möglichst lückenlos zu belegen, Täter zu überführen, sie der Justiz zuzuleiten. Wenn Polizisten beim Verhör von Jugendlichen freundlich sind, so ist dies eine zielstrebige, kalkulierte Freundlichkeit. Es geht darum, von Tätern Geständnisse zu bekommen. Jugendliche können durch diese Berufsfreundlichkeit dazu verleitet werden, gegen ihre Interessen auszusagen, mehr Straftaten einzugestehen als ihnen nachgewiesen werden könnten. Den Schock erfährt dann, zum Beispiel, der Haschischkonsument, wenn sein Eingeständnis des regelmäßigen Konsums Ausgangsbasis für eine Hochrechnung wird, mittels der ihm der Besitz strafbarer Haschischmengen nachgewiesen wird.

Solange unsere Gesellschaft mit Jugendlichen, die Normen übertreten, letztlich nichts anderes anzufangen weiß, als sie wegzuschließen, sehe ich die Aufgabe von Pädagogen einmal darin, Jugendlichen Lebensvoraussetzungen zu schaffen, die sie nicht zur Gesetzes-

übertretung drängen und zum anderen darin, straffällig gewordene Jugendliche vor dem Einsperren zu bewahren, weil dieses ihre Probleme nicht löst sondern verschärft.
Polizisten kennen diese unterschiedlichen Interessen und schließen deshalb Erziehungsberechtigte und Sozialarbeiter von den Vernehmungen jugendlicher Tatverdächtiger aus. Man soll deshalb Kindern und Jugendlichen einschärfen, vor der Polizei nur in Anwesenheit der Eltern oder einer anderen Vertrauensperson auszusagen. Dann muß die Polizei sich entscheiden, ob sie lieber gar nichts erfährt als sich auf diese Bedingungen einzulassen. Allerdings verfügt die Polizei über Mittel, um Jugendliche unter Druck zu setzen: bei Aussageverweigerung wird ihnen z. B. die vorläufige Festnahme angedroht.
Manche Jugendliche meinen besonders schlau zu sein, wenn sie versuchen, durch Falschaussagen ihre Freunde zu decken. (Der Nüchterne gibt an, er, nicht der angeheiterte Freund, sei mit dem Unfall-Auto gefahren.) Auch diese Jugendlichen werden vor den Folgen einer Falschaussage geschützt, wenn man ihnen empfiehlt, erst nach Rücksprache mit einem Rechtsanwalt vor der Polizei auszusagen.
Andere Jugendliche verpetzen unter dem Druck der Polizei tatsächlich ihre Kameraden und sogar ihre Freunde. Das kann – in bezug auf ihre Freundschaften und Cliquenbeziehungen – oft mehr Schaden anrichten als ihre Straftat. Ein Junge ohne Freunde ist in Gefahr, erhebliche Sozialisationsdefizite zu entwickeln. So erhöht sich die Gefahr, daß er erneut mit dem Gesetz in Konflikt gerät.
H. beunruhigt der Gedanke, auf die Wache mitgenommen zu werden. Tatsächlich sind mir Fälle bekannt, wo der eine oder andere Polizist eine solche Gelegenheit wahrgenommen hat, um eine alte Rechnung zu begleichen.
Bei bürgerlichen Eltern oder Erziehern wird meine skeptische Einstellung gegenüber der Polizei vielleicht auf Unverständnis stoßen. Das ist begreiflich. Kinder von Ärzten, Rechtsanwälten, Kaufleuten, Gemeinderäten oder anderen bekannten Bürgern werden von der Polizei häufig anders behandelt als Gastarbeiter oder junge Arbeiter. Die Herkunft alleine kann bei Verdacht schon stigmatisie-

rend wirken. Dies ist nicht nur meine Erfahrung, sondern durch Untersuchungen belegt.
Ich meine, daß eine zivilisierte Gesellschaft fähig sein müßte, ihre Jugend ohne Strafgesetze zu sozialisieren. Ich bin daher für eine Anhebung des Strafmündigkeitsalters auf 18 Jahre (ein Vorschlag, der schon in den zwanziger Jahren diskutiert wurde) und für eine Verbesserung der sozialpädagogischen Maßnahmen bei Jugendlichen mit abweichendem Verhalten.
H.'s Einstellung beeindruckt, weil er differenziert. Er ist nicht gegen die Polizei, er behauptet sogar, daß sie notwendig sei. Er ist nur gegen Polizisten, die durch ihr Verhalten der Polizei schaden.
Meine Einstellung ist hier skeptischer. Ich meine, daß überall dort, wo Polizisten, gezwungen durch das Gesetz, gegen Jugendliche ermitteln, sie diesen schaden. Mit Polizeimethoden läßt sich nicht erziehen. So werden Polizisten z. B. gesetzlich gezwungen, das Vertrauen von Beschuldigten zu deren Nachteil zu verwenden. Ich lehne Polizisten nicht als Menschen ab, aber Polizisten stehen auf der anderen Seite. Sie vertreten nicht die Interessen der Jugendlichen, gegen die sie ermitteln. Erzieher können mit der Polizei meist nicht kooperieren, ihr gegenüber nur ihre unterschiedlichen Aufgaben abstecken.
H. empfindet den Schaden, der einer Versicherung zugefügt wird, nicht unbedingt als moralisch verwerflich. Eher als nicht greifbar, als nur theoretisch existent. Unter dem Schaden der Versicherung leidet, in seinen Augen, niemand. Diese Einstellung trifft heute wohl nicht nur auf Jugendliche aller Schichten, sondern auch auf Erwachsene zu. Institutionen, die so groß sind, daß sie anonym werden, wie z. B. der Staat, Versicherungen, Kaufhauskonzerne, sind so überdimensional, daß der einzelne sie oft ohne Skrupel ankratzt. Es ist eben ein Unterschied, ob ich einer Ameise oder einem Elefanten auf die Zehen trete. Das Verlangen nach Unrechtsbewußtsein scheint mir in diesen Fällen eher ein akademisches Verlangen zu sein, daß gefühlsmäßig einfach nicht mehr nachvollzogen werden kann. Eine Folgerung daraus wäre die moralische Forderung an die Supergroßen, sich zu verkleinern, nicht die Moral ihren größenwahnsinnigen Bedürfnissen anzupassen. – Die Gesetze

des Profites, die zu Supergröße zwingen, sind nicht unbedingt moralisch. Durch sie können soziale Gefüge zerreißen, weil sie überfordert werden. Die Überforderten werden dann in unserer Gesellschaft an den Rand gedrückt, kriminalisiert, eingesperrt.

Jedes Zusammenleben von Menschen erfordert Spielregeln, die von der Gesellschaft entwickelt und durchgesetzt werden müssen. Kein Rechtsstaat kommt ohne Gesetze und Polizei, ohne Sanktionen aus. Ebenso wahr ist aber, daß Strafgesetze besonders von Jugendlichen nicht immer aus willkürlicher Bosheit gebrochen werden, sondern, daß zahlreiche Ursachen, die zu Gesetzesbrüchen führen, gesellschaftlich bedingt sind. Die Ursachen können nicht einfach auf die individuelle Schuld des jugendlichen Straftäters reduziert werden. Je jünger der Täter ist, je schlechter die Lebensbedingungen unter denen er aufwächst, desto geringer ist seine persönliche Schuld, ja oft genug fällt sie ganz weg. Lebensumstände können junge Menschen so überfordern, daß sie mit den für andere Lebensumstände entwickelten gesellschaftlichen Regeln des Zusammenlebens nicht zurecht kommen. Wer im pädagogischen Bereich tätig ist, sollte daher nie aufhören, sich um die Verbesserung der Lebensbedingungen junger benachteiligter Menschen zu bemühen. Wo Schuld wegfällt, muß auch Strafe wegfallen. Vor allem aber dürfte bei Jugendlichen Strafe nie im Ausschließen durch Einsperren bestehen. Ich bin überzeugt davon, daß diese Art der Strafe einmal genau so verdammt werden wird, wie wir heute die Folter verdammen. Mein Unbehagen richtet sich also grundsätzlich gegen den Jugendstrafvollzug, der in einer zivilisierten Gesellschaft keinen Platz mehr haben dürfte. Es darf nicht hingenommen werden, daß unsere Gesellschaft meint, mit 6000 Jugendlichen in der BRD nicht anders umgehen zu können, als sie einzusperren. Mein Unbehagen richtet sich also nicht gegen die Polizei als solche und schon gar nicht gegen Polizisten als Menschen, sondern gegen einen Teil der Aufgaben, die die Polizei hat, und die zu den Aufgaben von Erziehern im Widerspruch stehen.

Wer Streit will, kann ihn haben

Bei Schlägereien kommt es an und für sich ein bißchen auf das Milieu an, wo man aufwächst. Wenn man beispielsweise in einem Milieu aufwächst, wo Mut, Ehrlichkeit stark zur Geltung kommen, also grad Kammeradschaft oder so, oder wo sozusagen echte Kameradschaft auf Biegen und Brechen ist, wenn man so aufwächst, dann hat man von vornherein vielleicht keine große Schulbildung, sondern da ist man sowieso mehr oder weniger nicht so redegewandt, und da zählen andere Sachen, so wie beispielsweise Kameradschaft. Und wenn dann jemand kommt, der einem irgendwie zuwider ist oder von vornherein unsympathisch, und der kommt dann noch und beleidigt einen auf irgendeine Art, wo ein anderer, der wortgewandt ist, an den anderen so hinsagt, daß der andere so perplex ist, daß der von alleine aufhört, oder eben nicht mehr weiß, was er sagen soll, weil der ihm total den Wind aus den Segeln nimmt. Aber derjenige, der nicht so redegewandt ist, der fühlt sich unterlegen und grad durch das Milieu, wo der aufwächst, fühlt er sich ungerecht behandelt, und wehren kann er sich mit Worten nicht und mit Abhauen und Weggehen oder Selbstbeherrschung – wie man's auch nimmt – das macht er schon von dem Standpunkt aus nicht, weil er ja in einem ganz anderen Milieu aufgewachsen ist, also wo Stolz, wo Ehrlichkeit, Mut usw. eben Vorrang gehabt haben. Der fühlt sich dann beleidigt und das fordert Rechtfertigung. Da er das mit Worten nicht machen kann, kommt das eben auf die andere Art.

Das ist eine Sparte. Ein anderer sucht Selbstbestätigung, geht auf Schwächere los. Er bringt sonst nichts zuwege, da muß er eben Kleinere schlagen oder demütigen, damit er in seiner Selbstachtung wieder oben ist. Wenn er das jetzt nicht machen würde, dann würde er sich vielleicht eine Pistole an den Kopf halten und sich erschießen, so deprimiert ist er da. Selbstachtungsgefühl braucht man auch bei Schlägereien. Wer eine Schlägerei anfängt, dem ist der Typ nicht grad sympathisch, und dann sucht der einen Grund, und wenn der andere dann z. B. ein Typ ist, der grad so in dem Milieu aufgewachsen ist, wie ich vorher erwähnt habe, daß der sich von niemand eine

blöde Gosche anhängen läßt, dann gibt's eben die Keilerei, der eine sucht den Streit, der andere fühlt sich dementsprechend beleidigt, und dann gibt's eben Krach. Wenn einer zuviel redet und dann noch als Schwabe, Bayer oder Berliner versucht, hochdeutsch zu reden, das provoziert. Da wird der andere wahrscheinlich auch nicht abgehen von seiner Schlägerei. Aber wenn der normal mit dem schwätzt, wenn er ihn nicht gegenbeleidigt, daß er sagt: du Arschloch, du Rindvieh, und der andere sagt: du bist doch zu dumm zum Geradeauslaufen oder was, wenn er das nicht macht, ich glaube, daß dann gar keine richtige Schlägerei zustandekommt. Und grad, wenn sie zustandekommt, dann sind das solche Typen, da kommst du auch so nicht um eine Schlägerei rum. Das sind Typen, die schuggen dich eben, fertig aus. Und die findet man auch immer. Es gibt viele Leute, die würden sich das eben nicht so gern bieten lassen, dann rauscht's eben. Wenn der eine sich ein bißchen beherrscht und der andere sich beherrscht, dann geht das, aber, wenn ich da mich angucke, ich will mich da gar nicht beherrschen. Wenn ich sehe, daß der Streit will, also dann kann er einen haben.
Ich weiß nicht, wie das ist bei einem Boxer oder so, bei mir kommt das Gefühl hoch, wie siehst du nachher aus, geschwind. Es kommt auch höchstens zwei, drei Sekunden davor und dann ist es vorbei, dann ist das Gefühl weg. Und wenn es dann schon zu Handgreiflichkeiten kommt, dann ist es total weg, also da gibt's das Gefühl gar nicht mehr. Da konzentriert man sich automatisch auf was ganz anderes. So geht's mir, ich weiß nicht, wie es anderen Leuten geht. Ich meine, mit gut reden usw. da bin ich noch nie weit gekommen. Durch Reden kann man vielen Dingen einen anderen Sinn geben, durch die richtigen Worte kann man etwas fälschen und das ist dann nicht so der Fall. Und ich persönlich halte auch von Feiglingen nicht viel, und wenn einer viel redet, dann ist er in meinen Augen sowieso mehr oder weniger nicht ganz astrein, weil er verbirgt dann sein wahres Ich. Wenn er nämlich in eine Situation kommt, wo er kein Feigling sein darf, dann sind es nämlich meistens die Redner, die durchdrehen, grad in Steßsituationen. Grad die, die immer die Ruhe in Person spielen.
Wenn ich eine Schlägerei gewonnen habe, ist alles ganz normal.

Kein Erfolgsgefühl, kein überhebliches Gefühl, kein deprimiertes Gefühl, ganz normal, wie etwas, was sich eben nicht vermeiden läßt, wie wenn's beispielsweise regnet. Wenn der Regen dann vorbei ist, fertig. Das hast du eben nicht ändern können. Es hat eben geregnet. Und wenn ich jetzt nicht gewonnen habe, oder wenn ich beispielsweise eine eingesteckt habe, dann überlege ich mir, was ich das nächste Mal besser mache.

Kommentar

In einem gewissen Alter konnte man H. durchaus als Schläger bezeichnen. Geschwollene Lippe, geschlossenes Auge waren keine Seltenheit. Nach seinem Selbstverständnis müßte man sagen, daß dies so eine Studentenzeit war. Die Zeit des Diskutierens. Seine Dispute trug er nicht mit ausgefeilten Worten, sondern mit gezielten Haken aus. Er weiß genau, daß diese unterschiedlichen Ausdrucksformen unterschiedlichen sozialen Schichten entsprechen. Seine Umschulung vom Flaschner zum Versicherungskaufmann bedeutet für ihn einen sozialen Aufstieg.
Bemerkenswert ist, daß er der Arbeiterklasse als Charakteristiken Mut, Ehrlichkeit und besondere Kameradschaft auf Biegen und Brechen zuschreibt und die Anwendung körperlicher Gewalt als angemessene Ausdrucksform dieser Eigenschaften ansieht, wenn es zu Konflikten kommt. Er relativiert diese Aussage allerdings dadurch, daß er als Motiv für Schlägereien auch das Bedürfnis nach Selbstbestätigung sieht, die auch durch Gewaltanwendung gegen Schwächere bestärkt werden kann. Auf Grund der von H zugegebenen sprachlichen Unbeholfenheit dieser Schicht, zu der er sich doch auch selbst zählt, könnte er hier durch eine genauere Analyse seiner Worte einer gewissen Widersprüchlichkeit geziehen werden. Schließlich hat gewaltsame Unterdrückung von Schwächeren wenig mit Mut und Ehrlichkeit zu tun. Das will er aber wohl auch nicht behaupten, sondern mehr auf die Notwendigkeit von Selbstachtung durch körperliche Stärke hinweisen.
Den Leuten mit höherer Schulbildung schreibt er gewandtere ver-

bale Ausdrucksmöglichkeiten zu, die aber auch dazu benützt werden, den »Dingen einen anderen Sinn zu geben«. »Wer viel redet, ist nicht ganz astrein, der verbirgt sein wahres Ich.» Er hat verbale Ausdrucksformen als Mittel der Verschleierung und Unredlichkeit verstanden, Verhaltensweisen, die er der gebildeteren Schicht zuschreibt.
Wahr ist wohl, daß es nicht nur körperliche, sondern auch verbale, psychische Gewalt gibt, und einseitige Ablehnung körperlicher Gewalt keine Gerechtigkeit schaffen, sondern nur die eine Seite wehrlos machen würde. Im Jugendhaus hat sich immer wieder gezeigt, daß die Kommunikation zwischen Arbeitern und Gymnasiasten wegen unterschiedlicher Ausdrucksformen auf erhebliche Schwierigkeiten stößt. Wollte man als Pädagoge nur mittelschichtorientiert sozialisieren, so hieße das, die unterschiedlichen Lebensbedingungen von Klassen zu negieren und Benachteiligte letztlich noch weiter zu benachteiligen. Veränderungen im sozialen Verhalten können nur durch Veränderungen der sozialen Lage herbeigeführt werden. Allerdings ist dabei auch eine Wechselwirkung zu berücksichtigen. Bemerkenswert erscheint mir jedenfalls, daß diese sozialen Probleme von einem Arbeiterjugendlichen wie H. so klar gesehen werden.

»Zerstörungen«

Zerstörungen, wie soll ich sagen, das sind Spontaneitäten. Ein Beispiel: wo ich aber die Leute in Schutz nehme, die das machen, und zwar geht das so. Jetzt müssen Sie sich mal überlegen, jetzt trinken Sie eine Cola im Klo, im Pissoir. Jetzt brauchst du aber zwei Hände zu dem Hosenladen zumachen und zum Säckel heben. Schon ist die Cola irgendwie vom Rand runter, die Cola hagelt runter, einige Scherben fliegen ins Pißbecken rein, die anderen fliegen daneben. Die, die ins Pißbecken reinfliegen, die holen die meisten nicht mehr raus, was macht man dann? Sehen soll's ja keiner, da schiebt man's halt ein Stückchen runter. Das ist das eine. Das andere ist, das kommt dann spontan. Hier, Scheißdreck und gegen die

Wand, ja. Wenn man beispielsweise Theater hat mit irgend jemand oder mit irgendwas Theater hat, dann hockt man sich rein ins Auto und gibt mit vollen Segeln Gas. Das sind Spontaneitäten, nach fünf oder zehn Minuten ist es vorbei. Bei manchen nach einem Tag vielleicht erst, aber in der Zeit, wo es echt akut ist, da kann ja viel passieren. Was da aus Ärger passiert, kann auch aus Freude passieren. Das steht ja ziemlich dicht beieinander. Wenn einer gut aufgelegt ist, da kann es schon sein, daß er irgendwo reinhaut – bloß so, einfach drauf, und dann gibt's noch mal eine Sache, grad bei Türen und so, kriegst du die Türe auf, wenn sie zu ist? Da wird dann halt dagegengehupft, das ist dann sozusagen der Wettkampf. Das sind Sachen, die in unserer eigenen Zivilisation nicht mehr auf die natürliche Art zu lösen sind. Wenn das so weitergeht, wird die Zerstörungswut noch viel, viel größer. Viel, viel größer.
Es gibt Leute, die haben sich unter Kontrolle, es gibt solche, die haben sich nicht unter Kontrolle. Und diejenigen, die sich nicht unter Kontrolle haben, bilden immer noch die Mehrheit, weil der Mensch ist eben kein Computer, sondern der Mensch ist ein Gefühlstier, das aus Gefühl raus handeln kann. Und wenn er die Gefühle unterdrückt, da müssen die aber irgendwo rauskommen, irgendwo muß der wieder ins Lot kommen. Du kannst ja nicht alles in dich reinfressen, irgendwann platzt das, da ist der Tropfen da, der das Faß zum Überlaufen bringt. Das kann ein ganz nichtiger Anlaß sein. Es gibt verschiedene Möglichkeiten, den Druck abzubauen. Diese werden aber in unserer heutigen Zivilisation, um Stuttgart herum, immer schlechter. Ein Beispiel: Ich habe mal Molche gezüchtet, da haben wir einen Grottensee gehabt, das war zwar Privatbesitz, und der hat immer versucht, da einen Zaun rumzumachen. Jetzt war das aber so schlammig und so morastig, es hat kein Zaun gehalten, es ist alles weggerutscht. Und das ging so zwei Jahre lang oder noch länger. Und wir haben da unsere Molche gefangen und wieder ausgesetzt, Frösche gefangen, und es war echt Spitze. Und das ist eine Sache, wo du dich abbauen kannst, wo du die Sachen, die dich ankotzen oder anblähen oder wie man sagen will, oder eben anekeln, die Sachen kann man dann da wieder ablassen, das Faß ein bißchen ablassen. Und zum Schluß, ich war gerade im

Urlaub zwei Wochen, komm zurück und will da hinaus, alles trocken. Von den Tieren mal abgesehen, die da kaputt gegangen sind, aber rein vom menschlichen Standpunkt her, Scheiße. Echt Scheiße – da hat der sich nicht mehr zu helfen gewußt, da hat der sich einen Graben gezogen bis zum Bach und das Wasser ablaufen lassen. Schön trockengelegt. Logisch, ist sein Geld und sein Grundstück – aber ich meine, eventuell hätte man doch da irgendwas machen können. Und der absolute Witz ist für mich ja der: Schwabenlandhalle ist das beste Beispiel dafür. Sieht doch klasse aus, kann man sich hinter dem Schilf verstecken, kann man Fische jagen, also Fische fangen, Frösche gibt's auch jetzt wieder bald. Meine Schwester, die hat sogar jetzt zuletzt Froschlaich geholt und dort ausgesetzt, ja. Und das ist für mich das beste Beispiel, wieso man solche Anlagen, ohne Bunker, der daneben steht, zahlreicher bauen sollte, draußen in der Lehmgrube beispielsweise. Das ist jetzt nur mal für's Wasser angesprochen.
Es gibt ja bestimmt auch noch andere Sachen, die man auch machen könnte. Hier einen Kickplatz hinzustellen, daß man drauf bolzen kann, ja gut, in Ordnung, das ist auch klar. Das geht. Da ist aber wieder nur eine Gruppe angesprochen. Und die anderen, die jetzt eben nicht Fußball spielen wollen, die sitzen dann mehr oder weniger in den Konsumgütern rum. Das sind die Sachen, hier Beiz, Billardspielen, Spielautomaten usw. Und deswegen kannst du in unserer heutigen Zivilisation bloß noch bei Billard, Spielautomat und dann beim Fußballplatz dein Faß ablassen. Und am Spielautomaten und beim Billard da kannst du was verlieren. Tust du hier aber Fische fangen oder sonstwas, da verlierst du ja nichts. In dem Moment, wo du aber was verlierst beim Billardspielen, wirst du wütend – also, und dann behältst du irgendwann mal den Stock und haust den hin oder schmeißt den Flipper um oder haust auf den Spielautomaten rein, und das sind die Sachen in unserer heutigen Zivilisation, wenn das noch 30 Jahre so weitergeht, dann gute Nacht um halb acht. Wenn die sich da nichts einfallen lassen, da sehe ich schwarz. Weil, das siehst du da drüben, da schreiben sie die ganze Zeit: hier Fische gejagt, und die Jungen, die hüpfen in dem Wasser rum, zwischen dem Schilf und zertrampeln alles – das ist für mich

nur eine ganz logische Reaktion, ganz logisch. Wenn ich in dem Alter wäre, ich hätte da drüben schon lange Frösche, Molche, alles hätte ich da drüben schon ausgesetzt. Und ich kenne noch einen – nein, der ist jetzt wahrscheinlich auch zugeschüttet –, das war der Feuersee. Der Feuersee war aber tief, und ich habe versucht, ich hab mal zwei Stück rausgekriegt, aber in zwei Tagen zwei Molche gefangen, und das ist ziemlich wenig. Wenn man bedenkt, daß es eben viele Hunderte von Molchen da drin gibt, weil das ist tief, und da siehst du den Molch nur, wenn er hochkommt, um Luft zu holen. Da brauchst du eine jessesimmense Geduld, um den überhaupt mal zu sehen. Der kommt eben hoch und ist wieder weg. Und das Viechle ist ja bloß 8 cm groß – und das in einem See. Da kannst du grad am Rand gucken vielleicht und mal zwischen dem Schilf, ob er irgendwie mal hochkommt. Und dann mußt du aber erst das Viech noch fangen. Also, das sind so Sachen, da kannst du ja nichts verlieren dabei – im Gegenteil, da kannst du noch deine Geduld testen. Und deswegen, daß die Junge da drüben Fische jagen oder so, das ist für mich eine ganz logische Reaktion. Aber anscheinend – die Leute, die sich dafür verantwortlich fühlen – vielleicht fühlen sie sich nicht mal dafür verantwortlich – was für die Junge zu tun, klar, Kindergarten, Abenteuerspielplatz, das ist alles recht und gut, aber was machen die, die älter sind wie 12 Jahre? Was machen die? Da was kaputtmachen und da was kaputtmachen und in die Beiz ziehen. Ich habe langsam das Gefühl, dem Staat gefällt das. So muß das sein. Die werden so schön vorbereitet auf das Leben – Arbeit, morgens in die Schule, mittags – ja, da müssen wir ihnen Schulaufgaben geben, ist ja klar, damit sie was zu tun haben, gut. Schulaufgaben, da tricksen sie sich auch durch, die machen sie morgens in der Schule oder sonst irgendwo oder gar nicht, und in den höheren Klassen da hockt da eben mancher andere den ganzen Mittag da, und da ist es eben so, daß er sich durchbeißen muß. Aber das sind dann schon wieder die 15jährigen und aufwärts. Aber was machen die 12- bis 15jährigen? Bei uns beispielsweise gibt's das Jugendhaus, allright. Ab 3 Uhr ist offen, das ist eine gute Zeit, kann man Hausaufgaben fertig haben, ist man nicht schulfeindlich oder wie man das nennen will, denn wenn man schon ½2 Uhr aufmachen würde, dann würden die uns nämlich wieder auf's Dach steigen, dem Jugendhaus, und würden sagen, hier so und so, ihr lenkt da ab vom Lernen und so. 3 Uhr ist gerade die richtige Zeit, aber was machen die, die kein solches Jugendhaus haben? Da schließt sich eine Rockerbande zusammen, und da sind sowieso Ältere, 16- bis 17jährige dabei, weil die können ja Motorräder usw. fahren, und da können die Junge hinten draufhocken, die das eben nicht fahren können. Ja, und dann gibt's eben die Cliquen und die Sachen, da, wo sich so ein Kleiner bewähren muß bei den Großen – und wenn er einer alten Oma die Handtasche klaut, weil er sich eben irgendwie abreagieren muß. Wie sollen sie sich sonst auch abreagieren, bloß bei Mopedle-Fahren oder so oder Lagerfeuerle machen. Das darf man ja auch nicht. Du darfst ja heute auch nirgendwo mehr zelten, das ist ja alles vorgeschrieben, wo du zu zelten hast, ist klar, ist Zivilisationssache. Denn wenn jeder überall zelten würde, das ist ein ewiger Kreislauf, dann liegt überall Scheißdreck rum. Ist ganz klar. Aber ich finde das irgendwie einen Witz. Wenn man beispielsweise auf den Kappelberg raufgeht und campt da mal eine Woche oder so, ich könnte da fast garantieren, daß man da Schwierigkeiten kriegt. Ich meine, wenn das jetzt 150 Leute sind, sehe ich das ein. Aber wenn das vier Leute sind oder so, dann sehe ich das nicht ein, da könnte man in meinen Augen ruhig ein bißchen toleranter sein.

Wer in der Clique ist, baut Hemmungen ab und das Selbstvertrauen hebt's an bei aggressiven Taten. Die Hemmungen, weil du zu mehreren bist – schmeißt du die Scheibe ein. Selbstvertrauen durch das Einschmeißen, durch die Achtung von den anderen auf ihn. Die anderen achten dich dann, akzeptieren dich dann als Nichtfeigling. Das kommt dann eben in der Clique und deswegen, ich glaub kaum, daß einer, wenn er allein ist, bei einem Telefonhäuschen die Scheibe einschmeißt – glaube ich nicht.

Ich finde Cliquen gut. Derjenige, der das Telefonhäuschen nämlich demoliert hat, wird mal älter. Es könnte sein, daß der durch das, daß er ja von denen geachtet worden ist, so viel Selbstvertrauen gekriegt hat, daß er im Leben besser bestehen kann. Wenn der jetzt nicht in einer Clique gewesen wäre und nicht geachtet worden wäre, sondern immer Druck gekriegt hätte, weil er sich eben nie irgendwo zugehörig gefühlt hat, dann kommt er mehr oder weniger in das Kriechertum rein. Weil er das Selbstvertrauen nicht hat, irgendwie mal was dagegen zu sagen, was auch stichhaltig ist.

Kommentar

Im Jugendhaus von Fellbach, das von H. besucht wurde, fallen jährlich Reparaturkosten in Höhe von dreißig- bis vierzigtausend Mark an, und zwar nicht für Reparaturen, die durch starken Gebrauch oder Abnützung bedingt werden, sondern für Reparaturen, die aufgrund von scheinbar unsinniger Zerstörung notwendig werden. Auch in den Schulen nehmen »mutwillige« Beschädigungen zu. In Parks werden Bänke, im Wald Grillplätze, nachts die selbstgebauten Hütten auf Bauspielplätzen demoliert. Telefonhäuschen im Werte von sieben Millionen Mark fallen jährlich in der Bundesrepublik der Zerstörung zum Opfer. Dann wieder sind eines schönen Morgens in einem Straßenzug alle Autoantennen abgebrochen, die Rückspiegel in Scherben geschlagen, die Windschutzscheiben zerbröselt. Autos vor dem Jugendhaus zu parken, ist risikoreich. Da werden Reifen zerstochen, Radios geklaut, Chassis zerkratzt. Da kann es schon passieren, daß morgens einmal meine Vorlesung an der Hochschule ausfällt, weil ein besonderer Freund aus allen vier Reifen meines Autos die Luft ausgelassen hat. – Ab und zu hausen Jugendliche wie ... ja wie? Ich meine so, wie sie durch die Lebensumstände erzogen werden.

H. bietet einige Erklärungsmuster für das Bedürfnis zu zerstören an: Zerstörung als Ausdruck von Ärger, als Dampfablassen und als Zeichen der Freude. Diese Erklärungsmuster werden gesellschaftlich nicht akzeptiert, weil durch Zerstörung anderen Schaden zugefügt wird, sinnloser Schaden, wie es scheint. H. sagt implizit, daß es dabei nicht um die Schadenszufügung geht (um die es in anderen Fällen natürlich sehr gezielt gehen kann), sondern um die Möglichkeit, Gefühle zu äußern oder die Anerkennung der Freunde zu gewinnen, durch Normüberschreibung Mut zu beweisen, Selbstwertgefühl aufzubauen. Dies weist auf einen gesellschaftlich bedingten Mangel an Möglichkeiten hin, in einer verbürokratisierten und vertechnisierten Welt Gefühle auszudrücken. Es weist auf Jugendliche hin, die in unserem Schul- und Ausbildungssystem frustriert werden, weil sie dort nicht die Möglichkeiten haben, durch anerkannte Erfolge Selbstwertgefühle aufzubauen. Es sind ja Jugendliche in ganz bestimmten sozialen Situationen, die sich durch Zerstörungstaten äußern: nur zu oft fehlen ihnen die Möglichkeiten, sich in einer Weise zu äußern, die ihre soziale Situation verändern würde. Zerstörung wird zum Ausdruck von Hilflosigkeit, Verzweiflung und Protest. Zerstörung ist nur scheinbar sinnlos. Darauf mit Polizei- oder Justizmethoden zu reagieren, ist ein unglücklicher Versuch, auf Symptome zu reagieren. Ein unglücklicher Versuch, den auch ich schon unternommen habe, weil auch mir die Betroffenheit durch die Zerstörung die Geduld geraubt hatte. In Wirklichkeit müßte auf die Ursachen der Probleme eingegangen werden, mit denen die betreffenden Jugendlichen ohne Hilfe nicht fertig werden. Diese Probleme können auf schulische Mißerfolge, auf den Mangel an Bezugspersonen, auf den Mangel an Anerkennung und Zuwendung, auf drückende Schulden, auf Arbeitslosigkeit zurückgehen. Der Mangel an Zuwendung in der Familie, am Arbeitsplatz, in der Schule ist eine Ursache für die Bildung von Cliquen, in denen Anerkennung und Zuwendung durch Freunde gegeben werden. In diesen Cliquen herrschen aber andere – wenn man so will subkulturelle – Sozialisationsregeln, die in Widerspruch zu den anerkannten gesellschaftlichen Normen stehen. Anerkennung beispielsweise wird dort nicht durch Bravsein errungen, sondern durch den Mut, Normen zu überschreiten. Man verstehe mich richtig: es geht mir nicht darum, Zerstörungstaten zu rechtfertigen, sondern sie zu erklären. Eine Reaktion des Entsetzens hat nur dann Sinn, wenn dieses Entsetzen zum Aufwachen, d. h. zum Erkennen ihrer wahren Ursachen führt. Es ist viel zu einfach, Zerstörung als Böswilligkeit abzutun. Ein Jugendzentrum, in dem es keine Zerstörung gibt, ist ein Jugendhaus, aus dem – durch welche Methoden und aus was für Gründen auch immer – bestimmte Jugendliche mit bestimmten Problemen ausgeschlossen werden. Gerade diese ausgeschlossenen Jugendlichen bräuchten aber ein Jugendhaus. Der Reparaturaufwand für die Schäden, die sie verursachen, zählt einfach zu den normalen Programmkosten eines Jugendhauses. Das ist dann eben nicht ein von oben aufgesetztes, sondern ein von unten her entwickeltes Programm. Natürlich müssen sich die Sozialarbeiter um die Ursachenbehebung bemühen, beim häufigen Unverständnis der Jugendhausträger für solche Probleme ein manchmal fast hoffnungsloses Unterfangen, das Sozialarbeiter krank werden läßt.

Schließlich möchte ich darauf hinweisen, daß es in unserer Gesellschaft durchaus auch normkonforme Zerstörung gibt, die die Schäden nicht gesellschaftskonformer Zerstörung um ein vielfaches übersteigt. Ich erinnere nur an die profitorientierte Wohnraumzerstörung, Umweltzerstörung bis hin zur naturausbeutenden Produktion von Vernichtungsmitteln: Waffen. Die Kosten für diese Art von Zerstörung werden durch die Kürzung von Sozialleistungen finanziert, was wiederum zu weiterer Ausrandung und damit verbundener Chancenlosigkeit von Jugendlichen führt. Dies schlägt sich dann erneut in den erstgenannten Zerstörungstaten nieder. Diesen Zyklus zu durchbrechen, müßte unser aller vorrangige Aufgabe sein.

Bemerkenswert scheint mir noch H.'s Beobachtung, daß durch fortschreitende Zivilisation der Abenteuerspielraum, der für die Gefühlsentwicklung notwendig ist, eingeschränkt wird. Der Molchtümpel wurde zugeschüttet. Zur gleichen Zeit hat die Stadt für hunderttausende von Mark Kinderspielplätze gebaut, deren Indianerhütten von Architekten entworfen und von Facharbeitern errichtet wurden. Bei der Einweihung durch Honoratioren waren sie schon ausgespielt. Für die Widersinnigkeit dieses Vorgehens gibt es heute in jeder Stadt Beispiele. Wir versuchen immer mehr, Jugendliche perversen Fortschrittsvorstellungen anzupassen, statt uns auf ihre menschlichen Bedürfnisse einzulassen. Durch diese Anpassung überfordern wir die Mutationsfähigkeit der Menschen. Das hochhausfite, straßenverkehrsgerechte und aufrüstungsbegeisterte Kind kann nur eine menschliche Mißgeburt sein.

Swami Prem Joshua unterwegs

Meine Erinnerungen an Wolfi – heute Swami Prem Joshua – reichen ins Jahr 1974 zurück. Ein 15jähriger zarter Junge, langes Haar, Querflöte – dieses Bild habe ich heute noch vor mir. Ich erinnere mich auch noch an die Sorgen, die sich seine Eltern um ihn machten und habe Respekt vor ihnen, weil sie den Mut fanden, ihn seinen eigenen Weg suchen zu lassen, ihn nicht in ihre Zukunftsvorstellungen hineinzupressen. Es war diese Einstellung, zu der seine Eltern sich durchrangen, die den Bruch zwischen Eltern und Sohn verhinderte und zaghafteren Eltern und Erziehern Mut machen sollte, dem Freiheitsdurst ihrer Kinder auf der Suche nach dem eigenen Ich nicht durch noch so gut gemeinte Erziehungsmaßnahmen im Wege zu stehen.

Prem Joshua erzählt von den Tiefen seines Lebens, aus denen er durch immer neue Begegnungen mit den unterschiedlichsten Menschen in ungeahnte Höhen geführt wurde. Dadurch, daß er sich auf neue Situationen und Menschen immer wieder neu einläßt, führt ihn sein Suchen zu immer neuer Erfüllung, die nie endgültig ist.

Aus einer negativen Lebenseinstellung, die ihn zeitweise in Drogen fliehen läßt, findet er zu einer fast unbändigen Lebensbejahung, kraft derer das Verlangen nach Drogen von selbst erstirbt.

Dieser Entwicklungsprozeß weist darauf hin, daß der Drogenmißbrauch weniger mit Normen, Sanktionen und Aufklärung erfolgreich bekämpft werden kann als vielmehr durch die Entwicklung einer positiven Einstellung zum Leben, durch Selbstbejahung. Wäre Prem Joshua kriminalisiert worden, vielleicht gar im Knast gelandet, weil Drogen eben ungesetzlich sind und sein Verhalten gutbürgerlich gesehen gesetzeswidrig war, so wäre seine Entwicklung zur Lebensbejahung höchstwahrscheinlich verhindert worden. Ich möchte nicht behaupten, daß Prem Joshuas Selbsttherapie auf alle Drogenkonsumenten übertragen werden kann. Sicher ist zu berücksichtigen, daß er nicht heroinabhängig war und ebenso sicher muß zwischen den verschiedenen Wirkungen der verschiedenen Drogen auf unterschiedliche Persönlichkeiten unterschieden werden. Es gibt aber eben auch den Entwicklungsweg Prem Joshuas, wenngleich er vielen Jugendlichen nicht offen steht, weil er durch Erziehungsangst und Kriminalisierung versperrt wird.

Prem Joshuas zwischenmenschliche Beziehungen haben sich nicht an Hand »pädagogischer« oder gar kirchlicher Sexualnormen entwickelt. Auch hier ist zu sagen, daß wenn er durch irgendwelche erzieherische Maßnahmen zu einem anderen Verhalten gezwungen worden wäre, er viele Erfahrungen, die zu einem wesentlichen Bestandteil seiner Lebensentwicklung gehören, niemals hätte machen können. Dabei kann der Leser seiner Geschichte gar nicht übersehen, daß seine Verhaltenskriterien im Sexualbereich und zur Entwicklung der zwischenmenschlichen Beziehungen viel tiefer in ihm verankert sind, als irgendwelche angelernte Normen es je sein könnten. Er sieht den Menschen viel ganzheitlicher als die offiziell normierte Moral. Sein künstlerisches Talent hat ihn für die Umwelt, die Natur, die Menschen in einem Wechselprozeß so sensibilisiert, daß es eben auch seinen Umgang mit Menschen prägt. Das ist auch ein Weg, zu moralischem Handeln zu kommen. Sollte sich katholische Pädagogik nicht viel mehr bemühen, eine solche Sensibilisierung zu fördern, statt ständig irgendwelche, unter anderen Voraussetzungen entstandene, Normen durchsetzen zu wollen? Solche Normen werden die Frage nach dem »Wer bin ich?« nie beantworten können.

Prem Joshua versteht sich als Anhänger Bhagwans. Seine Erfahrungen mit Bhagwan und dessen Anhängern hören sich ganz anders an, als die Schilderungen einer Presse, die geil ist, weil wir geil sind, oder die entsprechenden Verurteilungen von Kirchen, denen das Wirken Bhagwans doch auch aus Konkurrenzgründen, wie ich meine, ein Dorn im Auge ist. Ich bin kein Sanjassin und ich traue den Finanzierungsmethoden des Bhagwan nicht, ich habe auch nichts für seine kapitalistischen Lobeshymnen übrig, und wenig für seine Rolls-Royce-Karossen; aber abgesehen davon, daß ich ähnliche Vorbehalte auch etlichen Kirchenfürsten gegenüber habe, geht es mir auch hier wiederum nicht um eine Einzelkritik an seiner Lehre, sondern um die Anerkennung der Tatsache, daß sich die von ihm ausgehende Faszination auf Prem Joshuas Lebensfreude und

Lebenskraft positiv ausgewirkt hat. Wer sich zu keiner der großen Religionsgemeinschaften, sondern zu einer kleineren Gemeinschaft bekennt, wird von ersteren oft vorschnell als Sektenanhänger diskriminiert. Diese undifferenzierten Verurteilungen sind eigentlich der Christen nicht würdig. Eltern und Erzieher interessiert vielleicht einmal die folgende Insidererzählung. Sie ist in Form und Inhalt anders als die vorangegangenen, hat auch erzählerische Qualitäten. Eine kapitelweise Analyse würde ihre Wirkung schmälern. Diese kurze Einleitung möge genügen, dem Leser selbst Lust zu machen, nach anderen als den gewohnten pädagogischen Ansätzen zu schnuppern.

Erste Erinnerungen

Meine Mutter – die Wohnung – Kinderzimmer – Stangenbett – Teddybär – viele Erinnerungen, was ich so gespielt habe – die Straße – alles ist recht klar da.

Ich habe mich in meiner Familie geborgen gefühlt, stark hingezogen zu Vater und Mutter und auch zu meinen Großeltern. Ich war ziemlich abhängig. Wenn meine Eltern den ganzen Tag fort waren, war's die totale Hölle. Ich weiß auch noch, ich habe ganz lange gedacht, wir, grad unsere Familie, wären absolut unsterblich. Das hab ich auch einmal zu meiner Mutter gesagt, und dann hat sie gesagt, ja, wir müssen auch sterben. Das hat mich ziemlich durcheinander gebracht.

Ich kann mich noch erinnern, wie ich mit meiner Schwester im Kinderzimmer gespielt habe, mit vielen Decken und Kinderwagen haben wir große Lager gebaut, und dann haben wir Familie gespielt, und da ist irgendwas Verrücktes dabei. Ich weiß noch genau, wie wir uns Namen gegeben haben, und da sind wir auf den Namen Lila gekommen. Wir heißen Lila. Das Verrückte an der Sache ist, daß auf Sanskrit Lila »das Spiel« heißt, das göttliche Spiel. Und es war eigentlich nichts anderes als Lila und – und irgendwie ist das eine verrückte Verbindung. In Indien habe ich mal bei Leuten gewohnt, die haben auch Lila geheißen –. Da ist das wieder aufgekommen. Da haben wir ziemlich viel gespielt. Ich erinnere mich auch, daß ich meine Schwester oft geschlagen habe, weil ich öfters eine gefangen habe, und ich habe es total weitergeleitet, also von oben eins drauf und gleich nach unten weiter an meine Schwester. Da waren auch so Eifersuchtssachen. Wen meine Eltern mehr mögen, mich oder meine Schwester.

Ich erinnere mich an die Wohnblocks in Fellbach – Arbeiterviertel –, Spielen mit Kindern in der Straße – Kinder, die aus rauhen Familienverhältnissen kamen, selber rauh waren. Einziger Spielplatz die Straße und ein unbebautes Grundstück mit Wildgras und Backsteinen.

Meine Mutter war gut zu mir, war erschrocken zu erfahren, wie es manchen meiner Freunde zuhause ging. – Kindergarten konnte ich nicht leiden, die Tanten waren doof, dort war ich nur kurz.

Meine Eltern haben wahrscheinlich mal Großes mit mir vorgehabt. Die haben mir von der Schule vorgeschwärmt, und am Anfang konnte ich es kaum erwarten, daß ich auch reinkomme. An der Grundschule habe ich immer gute Zeugnisse gehabt und alles gewußt. Das hat sich dann erst später verändert. Das war interessant, weil in der Klasse in der Volksschule kam das so richtig raus, daß ich andere Interessen hatte als die anderen Jungen. Da waren viele von der Sorte Arbeiterfamilie, Öffingen Postsiedlung und die Ecke da, die waren berühmt und berüchtigt in Öffingen, so Arbeiterfamilien halt, und das waren mehr so Typen mit Fußballspielen und Krakeelen, und so war ich gar nicht. Ich habe manchmal ziemlich darunter gelitten, weil ich einfach nicht so war, ich wollte auch kicken können und war von dem Gedanken besessen, daß ich das nicht kann. So war ich schon in der Volksschule mehr an anderen Sachen interessiert.

Ich habe den Atlas aufgemacht und war in Gedanken gereist, war dort und da, war in Indien und in Honolulu, in der Südsee und so.

Die Schule wird zum Alptraum

Da war ich erstmal total herausgerissen aus der Öffinger Umgebung, daß ich jeden Morgen früher raus mußte und dann mit dem Schülerbus nach Fellbach ins Schillergymnasium. Ich weiß noch, wie ich da reingekommen bin, das war so ein Riesenbau, ja, bloß bis zu meinem Klassenzimmer, das war schon eine halbe Wanderung, so ein Riesenkomplex, ich habe das gar nicht gepackt, ich bin mir vorgekommen wie an einer Universität, alles hat so einen geistreichen Flair gehabt. Für mich war das wahnsinnig schwierig am Anfang. So die ersten zwei bis drei Wochen habe ich jeden Morgen erstmal geflennt, weil ich nicht gehen wollte, ich wollte gar nicht auf den Bus, und ich mußte da rein, es war die Angst vor einer ganz neuen Welt. Ich war ja noch Kind zu der Zeit. Da wirst du rausgerissen, und dann kommst du woanders hin und da mußt du jetzt mitmachen. Aber nach einer gewissen Zeit lebt man sich als Kind halt doch ein. Auf dem Gymnasium war ich dann eigentlich die ersten zwei Jahre noch sehr gut in der Schule, und ich habe ziemlich viel gelernt und große Ehrfurcht vor den Lehrern gehabt und bin dann auch in der Klasse ganz gut zurechtgekommen. Ab der dritten Klasse ging es abwärts, ich weiß nicht, wie alt ich da war, 13 oder 14. Dann wurden die Leistungen von Jahr zu Jahr schlechter. Ich glaube, das kam ab dem Zeitpunkt, da in Öffingen ein Jugendraum aufgemacht wurde. Da bin ich gleich hin.

Ein Typ und seine Frau, die haben das geleitet in der Kirche unten drin. Es war eine unheimlich gute Sache für damals. Es war die totale Veränderung. Ich war ein ziemlicher Stubenhocker und habe viel Bücher gelesen und war dauernd daheim. Ab da wollte ich nicht mehr zu Hause sein. Ich war jedes Wochenende mit meinen Eltern wandern, draußen, und wollte dann nicht mehr raus mit denen und wollte ab dem Moment meine eigenen Sachen machen. Das war einmal in der Woche, mittwochs, da war das offen, und da haben wir uns getroffen, und ich weiß nicht mehr, wieviel Leute wir waren, ich glaube, am Anfang war auch die ganze Postsiedlung da, die Mofarocker und so, das hat mir nicht so gefallen, das war nicht meine Umgebung erstmal, aber dann sind die abgezogen und dann waren andere da und auch einige Ältere. Die waren vier Jahre älter wie ich und viele in meinem Alter, vielleicht 20 Jungen und Mädchen. Wir haben ziemlich viel Sachen gemacht, Spiele und über alles mögliche geredet, es war eine neue Dimension. Es war raus von zuhause und plötzlich unter jungen Leuten sein, das war ganz klasse. Mir hat das gut gefallen damals. Außerdem waren da eben die vielen Mädchen dabei, und dafür hatte ich plötzlich auch Interesse.

Ab dem Moment ging es in der Schule bergab, ich habe mich noch praktisch ein Jahr auf »ich pack es ja doch in der Schule – ich bin es ja gewohnt, daß es gut geht in der Schule« verlassen, die Zensuren wurden dann langsam mieser. Das ging in den späteren Jahren immer so weiter, bis ins 12. Die letzten zwei Jahre waren dann eine ziemliche Hölle. Ich bin noch nicht 18 gewesen und bin zur Schule absolut nicht mehr gestanden. Ich wußte überhaupt nicht mehr, was ich wollte und was das ganze soll und warum ich das überhaupt lernen soll und grade das letzte halbe Schuljahr, das allerletzte, da war ich praktisch gar nicht mehr da. Ich bin einfach nicht mehr hin und habe das eigentlich nur manchen Lehrern zu verdanken, daß die mich durchgehen ließen, weil sie gewußt haben, der geht sowieso raus, der macht kein Abi und der will raus, dann lassen wir ihn halt durchgehen, dann muß er nicht wiederholen. Ich konnte in der Schule überhaupt nicht leben, sie war absolut lebenswidrig. Der Unterricht, das war das absolute Gegenteil von Lebensfreude. Es kommt darauf an, wenn du mehr kaputtgemacht worden bist in deiner Kindheit, dann ist das schon leichter, dann paßt du in das Schema besser rein, wenn da noch mehr ursprüngliche Energie da ist, paßt du da weniger rein, dann rüttelt es, dann passiert irgendwas. Und Leute, die von ihren Eltern ziemlich »erzogen« worden sind, die passen sich dem Schema besser an und gehen den Trip dann auch weiter, weil sie in sich die Kraft nicht mehr verspüren, irgendwas anderes zu machen. Für die ist das dann eine total normale Situation. Die Schule ist so und das macht man mit und man soll ja was werden und man hat ja seine Ziele und das muß man halt machen.

Ich weiß nicht, warum ich da plötzlich nicht mehr mitspielen wollte oder warum mich das plötzlich total angewidert hat. Die Schule war einfach ein Alptraum für mich ab einer gewissen Zeit, das hat sich

von Jahr zu Jahr gesteigert, je länger ich drin war und die Ansprüche gestiegen sind.
Als das Jugendhaus in der Neuestraße aufgemacht hat, war ich auch vom ersten Tag dabei. Das war wieder eine totale Veränderung. Das war wieder eine neue Erfahrung. Ich bin damals mit Freunden jeden Tag hin, mit einer Mordsvorstellung: neue Welt, neue Dimensionen, Jugendzentrum und wieder totale Veränderung. Das war ein Gefühl da reinzugehen, ich glaube, das ist typisch für das Alter. Natürlich wieder andere Mädchen und andere Gesichter.

Das mit dem Kiffen ging dann auch los

Das war sehr einschneidend. Das ging mal auf einem Sauffest los auf dem Kappelberg, und da ging eine Pfeife rum – ach, die haben da einmal dran gezogen, und ich bin dann nachher rumgelaufen und war besoffen und habe da gemeint, ich wäre jetzt völlig stoned. Es war halt totale Einbildung, total irre. Bin da oben rumgeschwebt auf dem Kappelberg und war halt nur besoffen. Es kam dann irgendwie öfter. Die Leute, die haben mich eigentlich nicht wirklich angezogen, das war eine ganz komische Sache. Die Leute, die da drin waren, die haben für mich einen ganz argen Reiz gehabt, und auf der anderen Seite haben sie mich total abgestoßen.
Der Reiz bestand im Neuen. Damals war ich auch schon so im Denken drin mit Haß auf »Scheißbürgerliches« und so, und irgendwas Neues machen die da. Saufen, das hat es nicht gebracht, da habe ich schon soviel gekotzt. Kiffen, das war mal was ganz anderes. Bei den Leuten, da war eine wahnsinnige Hierarchie, es war absolut nicht, wie man es sich eigentlich so vorstellt, so wie Hippies, alle gleich, alles peace und alles frei. Überhaupt gar nicht, sondern es waren eigentlich alles kaputte Jungen aus irgendwelchen Familien, wo es auch nicht richtig lief. Und einer war eben der Boß. Das war vielleicht nicht so offen wie bei Mofarockern, wo einer total den Boß spielt, das war mehr subtil, aber auch total da. Der, der den Shit gehabt hat, das war der Boß, der galt mehr, hatte größtes Ansehen. Der hat anrauchen dürfen, der hat die größten Sprüche geklopft, der

hat schon zwei Jahre geraucht oder drei oder schon länger. Ich habe darunter auch gelitten, weil ich Anschluß gesucht habe, und ich habe dann bald gemerkt, daß da ein ganz schön kaputtes Element drin ist in den Leuten. Daß das nicht ein Ja zum Leben war, sondern ein Nein. Und das Nein wurde halt zugekifft. So wie ich das heute sehe, war das eine total notwendige Sache, das mit dem Kiffen. Grad wenn ich überlege, meine Eltern sind, was man so richtig gutbürgerliche Familie nennt. Vater gute Stellung, eigenes Haus, alles da, und Vater trinkt nicht, Eltern nicht geschieden und alles in Butter. Ich glaube auch, meine Eltern, die haben versucht es gut zu machen mit der Erziehung, und ich glaube auch, daß sie mich gewollt und geliebt haben, also nicht so, daß die Situation so war, wie sie in dem Milieu oft war, daß die Eltern geschieden waren, daß die Kinder unter miserablen Bedingungen aufgewachsen sind, auch wenn Spülmaschine, Fernseher und Auto und alles da war. Daß eben die Liebe ziemlich stark gefehlt hat oder noch mehr.
Bei mir zuhause war immer alles so heil, so in Ordnung, war alles recht, und ich habe irgendwann entdeckt, daß es das gar nicht immer gibt, sondern daß es auch ganz andere Leute gibt. Das hat Anziehung auf mich gehabt. Heile Welt – enge Welt. Ein Freund z. B., der kam ja auch aus einer solchen Ecke, Mutter hat gesoffen, Vater war irgendwo, den hat er, glaube ich, noch gar nie gesehen, und er wohnte zuhause in einem Riesenberg von Müll. Das hat mich angezogen. Berge von Müll, darin zu sitzen, wochenlang nichts anfangen – das hat mir gefallen, da habe ich mich reingesetzt, das war gut. Das war eine ganz neue Sache, und überhaupt war ich in der Zeit immer mit Älteren zusammen. Es war einfach Anziehung da, auch irgendwie sexuell, was da ablief. Da ist dann das Interesse an Mädchen gekommen, ja, und daß man schweinische Sachen geredet hat usw.
Ja, ich darf bloß den Faden nicht verlieren, das gluckert so irgendwie da raus jetzt.
Ja, das mit dem Kiffen. Das wollte ich noch sagen, also die erste Kiffer-Erfahrung, wo ich geraucht habe, da war ich echt total enttäuscht. Ich habe mir da wunder was vorgestellt, was da passiert, wenn man kifft. Ich meine, das kann ja auch passieren, das habe ich

ja später manchmal erlebt, daß sich alles verändert oder daß eine gewisse Harmonie eintritt, ich bin auf jeden Fall hin mit der Vorstellung, daß ich jetzt Mordshalluzinationen kriege. Da hat sich eigentlich gar nichts getan, außer daß ich in meinem Kopf ein bißchen rumgeflippt bin. Ja, natürlich, da war eine Angstschwelle da. Ich weiß noch, grad mit dem Typ, wo ich am Anfang immer geraucht hab, der hat das gebraucht, den Trip zu bringen, jemand darin einzuweihen oder so. Er selbst hat den mords Coolen gespielt und den mords Erfahrenen auf dem Gebiet, und ich war halt so der Anfänger. Wußte es nicht und habe groß zu ihm gesagt, wie oft ich schon geraucht hätte und habe eigentlich eine mords Fassade gehabt, aber innerlich hatte ich ziemlich Schiß. Ich erinnere mich, bevor wir das geraucht haben, habe ich gezittert, da habe ich einen Blutdruck gehabt, der war auf 180. Ich hatte Angst vor irgendwas Neuem, ich habe wahnsinnige Angst vor meinen Eltern gehabt. Die Angst, das ist gleichzeitig auch der Reiz. Zu dieser Zeit waren für mich meine Eltern im Gerede der letzte Dreck.

Das hat sich nach einer gewissen Zeit verändert, ich weiß noch, beim Kiffen, da mußt du erst mal ein paar rauchen, daß du überhaupt etwas mitkriegst, weil du auf die Wirkung erst irgendwann später reagierst. Ich glaube auch, daß die Wirkung sehr mit dem Alter zusammenhängt, wie man Dope gebraucht. Haschisch ist nur so ein Verstärker, und der verstärkt nur das, was in dir schon sowieso drin ist. Also, wenn nichts drin ist, kann nichts verstärkt werden.

Die Sache hat sich dann verlagert, die Hierarchie hat sich aufgelöst, und es entstand eine Gruppe, die eigentlich keinen Boß hatte. Wir waren Jungen und Mädchen zusammen, und ein Großteil der Beziehungen war durch die gemeinsame Situation gegeben, wir sind alle in die Schule gegangen, uns hat allen die Schule gestunken. Wir haben gekifft, und es war eine irre Sache, weil der Zwang dann weg war. Wir haben gekifft, und das war die Beziehung.

Durch's Kiffen passiert endlich was Neues, neben Mathe, Physik, Französisch und beklemmendem Elternhaus, die ganze Sache war so festgefahren, es war so ein Durst nach Freiheit da, und die ganze Umwelt war gegen einen, Fellbach war für mich ein Riesenkotzbeutel, das Kiffen war da die einzige Möglichkeit für mich, das war

meine Welt – mit den anderen »abfahren«, der Traum war da – wir machen da nicht mit – die große geschlagene Gruppe, uns mag man nicht, wir halten zusammen, wir kiffen, klar, eine Flucht in eine schönere Welt, aber dazu, finde ich heute, hatte ich das Recht, es war unser Traum, frei zu werden, das System nicht mitzuspielen und durchs Kiffen wird dir einfach klar, wie verspannt und krank unsere Umwelt ist, weniger durch Verstandesarbeit läuft das ab, als vielmehr, du fühlst es plötzlich wie's abläuft und du kannst und willst dann einfach nicht mehr mitspielen, und das bringt Konflikte, da eine ganze Welt sich gegen einen richtet. Das ist die positive Seite vom Kiffen. Es wird vielleicht schwerer, allgemein, da dir »ein Licht aufgeht« über so manches, aber irgendwie wird's ehrlicher, da ich mehr meinen Gefühlen gefolgt bin.
So, die negative Seite ist eigentlich, daß das Kiffen unter uns in der Gruppe so notwendig war, damit die Kommunikation lief, eben dieses »rauchen wir erst mal zusammen was», daß die Erwartungen ins Kiffen gesetzt wurden, und dann passierte oft nichts anderes als der »communication-breakdown«, und man glotzt nur verstohlen rum, also wir haben gekifft, weil es uns eben langweilig war.
Das Dritte war eigentlich die Musik, Musik war sowas total Entscheidendes, da konntest du zu dem und zu der und zu dem gehen und überall standen die gleichen Platten und einer hat vielleicht mal eine mehr gehabt von irgendwas, und das war dann total irre. Damals war »Genesis« groß da, das war so eine Musik, weich, so melodiös, leicht depressiv. Es hat ziemlich der Situation entsprochen. Eigentlich nicht recht gewußt, wo es hinläuft, die Schule und so war das Problem, die Leere. Es war ein Alpdruck, ein Gefängnis, da drin zu sein in dem Schema und einfach nicht frei sein können und einfach mal probieren, etwas anderes zu machen, das war halt nicht drin, und das Kiffen hat uns da auch nicht rausgeholfen. Ich meine, das war natürlich auch das Alter, ich war noch nicht 18 und dann noch das Elternhaus, das war auch noch eine Fessel, du kommst um die und die Zeit nach Hause, und wenn du dann nicht da bist, dann gibt's Theater. Das war eine ziemlich harte Phase, und ich erinnere mich, damals war ich auch im allgemeinen ziemlich lebensnegativ. Den Höhepunkt hatte ich darin gehabt, daß ich mal abgehauen bin

von zu Hause, das war auch so ein Knüller, das war auch wegen dem Kiffen. Meine Mutter hat mich zum Arzt angemeldet, daß er mich untersucht, und sie wollte rauskriegen, ob das stimmt, daß ich kiffe, sie hat irgendwas geahnt, ja, wahrscheinlich hat man es mir angesehen. Ich habe dann Schiß gekriegt, ich habe gedacht, der Arzt kann das im Blut feststellen und habe mich betrunken und bin dann total besoffen zu dem hin und habe ihm gesagt, er müßte ärztliche Schweigepflicht halten. Am nächsten Tag bin ich dann zum Arzt hingekommen ins Wartezimmer, da sitzen Vater und Mutter drin, da habe ich schon gewußt, jetzt ist's vorbei. Sind beide dringesessen, der hatte sie natürlich angerufen. Dann war hinterher die totale Familientragödie mit Heulen und Flennen, wir haben uns gegenseitig total fertiggemacht, meine Eltern haben sich die wahnsinnigsten Vorwürfe gemacht. Es wäre alles schiefgelaufen mit der Erziehung, und ich habe also geschworen, nie mehr zu rauchen, und da ist also alles zusammengekommen, es war fürchterlich. Dann haben sie ausgemacht, ich muß sofort da raus aus dem Milieu Jugendhaus usw. – und ich weiß noch, es war Samstag, da sind sie zu Bekannten in den Schwarzwald, ja, erstmal weg, reden und zu Bekannten dahinfahren auf's Land. Es liegt mir total in der Erinnerung wie das war: ich habe völlig mitgespielt, okay, ich fahre mit und so und habe Mäntel rausgetragen zum Kofferraum vom Auto und habe gesagt, jetzt hole ich noch meinen Kassettenrecorder und habe nur auf den Moment gewartet, wo ich allein rauslaufen konnte. Und ich bin dann allein rausgelaufen, habe den Kassettenrecorder auf den Gehweg gestellt und bin einfach weg –. Das war irgendwie brutal, das Gefühl. Ich bin dann die Straße vorgerannt, und plötzlich höre ich meinen Namen brüllen, drehe mich kurz um, sehe meine Eltern an der Straße stehen, wie sie brüllen, alle Fenster stehen offen von den Nachbarn, und ich bin einfach gerannt, und die sind mir hinterdrein, und so viel und so schnell bin ich noch gar nie gerannt. Bin einen halben Kilometer so gerannt und in die Kirche rein und in den Beichtstuhl rein und die Türe zugehalten. Da bin ich dringesessen und total gezittert, mir ist die Brühe runtergelaufen, und dann höre ich meinen Vater in die Kirche reinkommen, bis zum Beichtstuhl laufen und meinen Namen brüllen: Wolfgang, Wolfgang. Und da bin ich dringesessen und habe keinen Muckser gemacht, und mir sind schier die Knie zusammengebrochen, ich bin so unbequem da dringehangen. Und dann ist er wieder abgezogen. Ich glaube, ich bin eine Stunde da dringehangen, ich habe mich einfach nicht mehr rausgetraut. Dann bin ich zu einer Freundin, und da sind irgendwelche Typen gekommen von einer Wohngemeinschaft und die: Was ist denn los und so, und ich habe es halt erzählt, da bin ich mir schon mordsstark vorgekommen – jetzt bist du von zu Hause abgehauen. Es war nicht nur das, – und dann haben die mich mitgenommen, und das war dann auch wieder wahnsinnig – Wohngemeinschaft, neue Leute, alle älter...

Es war nicht weit weg. In Waiblingen. Ich konnte dann dort pennen. Ich bin auf ein über 20jähriges Mädchen abgefahren, das weiß ich noch. Raus und plötzlich woanders rein, das war saugut und ganz irre, es war eine tolle Wohnung, die haben ganz irren Geschmack und gute Ideen gehabt, und das hat mich ganz umgehauen, die Leute auch, es war echt klasse. Die waren schon älter, die haben Feste gemacht; ich habe dann meine Eltern angerufen, ich wäre in Frankfurt und ob sie es sich anders überlegt hätten. Nach irgendeiner Zeit bin ich wieder zurückgekommen. Es war bloß ein paar Tage, und ich wollte dann wieder zurück, und ich weiß gar nicht mehr – es war halt wieder so ein Anflug im häuslichen Bereich und wieder Geflenne, froh, daß ich wieder da bin.

Ich habe dann gesagt, daß ich nicht mehr kiffe, habe den Vorsatz auch zwei Wochen gehalten, habe dann weitergeraucht, und da war das Versprechen passé, sie haben es nicht mitgekriegt, und die Sache lief weiter. Zu der Zeit war ich dann ziemlich abgefuchst eigentlich, kann man schon sagen. Also, in der Schule war absolut gar nichts mehr, ich bin ja nur noch dringehangen und habe nichts mehr mitgekriegt und war immer so schlapp und knapp am Durchrasseln und habe mich dann doch noch grad immer aufgerafft und angestrengt, damit ich noch ein bißchen durchkomme, ich habe es immer grad noch geschafft. Ja, der ganze Laden hat mich angekotzt und habe nicht mehr mitgemacht und habe auch nicht mehr protestiert, ich habe bloß gedacht, irgendwas passiert, irgendwas, ich weiß auch nicht. Irgendwie hört es auf. Ich war dann ziemlich still, ich habe komischerweise trotz allem ziemlich Sympathie bei ein paar Lehrern gehabt, und das war eben auch der Grund, warum das immer weiterlief.

Mädchen, Mädchen

Meine Sexualerziehung war nicht so wie die mancher Freunde. So wie es bei ihnen gelaufen ist, daß sie ein paar auf die Finger gekriegt haben, wenn sie sich einen runtergeholt haben, oder: tu deine Hände aus der Bettdecke raus oder sei keusch, so lief es nicht. Es kam nie ein Verbot. Sexualität war aber tabu. Das hat sich dann auch auf mich ausgewirkt. Ich habe bei meinen Eltern nie mitgekriegt, daß die sich mal gefickt hätten. Mein Vater hat meiner Mutter vielleicht mal einen flüchtigen Kuß auf den Mund gegeben, aber nie, daß ich die mal gesehen hätte, wie sie sich umarmt hätten oder daß ich da mal was mitgekriegt hätte, daß die miteinander geschlafen haben, gar nichts. Einmal habe ich einen wahnsinnigen Haß auf meine Mutter gekriegt, war irgendwie so eine verschüttete Sache, und zwar, ich habe mir halt als kleiner Junge einen runtergeholt und wahrscheinlich zu oft, da hat sich mein Pimmel ein bißchen entzündet. Da hat meine Mutter den mit Kamille gepflegt, so einen Bändel drumrum, da habe ich eine total dicke Bandage drumrumgehabt. Dann hat sie mich ins Bett gesteckt, mittags, Rolladen runtergelassen, und dann mußte ich pennen. Und das habe ich überhaupt nicht gepackt und habe nur geflennt statt gepennt. Das war so unangenehm, ich wollte raus und spielen. Und das ist mir da gekommen, und da habe ich dann eine brutale Wut gehabt. – Da war ich noch klein, höchstens fünf.

Dann hat sie mal ein Aufklärungsbuch gekauft, woher kommen die kleinen Jungen und Mädchen. Das haben wir zusammen durchgemacht, da war gerade die Aufklärungswelle, Zeitschrift »Eltern« und was es da so alles gab, und das haben meine Eltern gekauft, sich eben auch für Erziehung und so interessiert. Ich weiß nicht, auf der einen Seite habe ich da schon was mitgekriegt von der Aufklärungswelle, ich fand das irre schick, daß meine Mutter uns aufklärt. Auf der anderen Seite war an dem Thema einfach was Peinliches. Und

das Peinliche habe ich schon empfunden! Das war schon in mir drin. Es war einfach nicht so locker wie meine Mutter vorgespielt hat. So locker war das schon gar nicht mehr in uns, und das war auch ihr nicht so locker. Also, irgendwas war da – ich weiß auch noch, meine Mutter hat auch mal darüber geredet, daß ich wichse, irgendwie hat sie das auf der Bettdecke entdeckt. Und das war mir sooo peinlich, so peinlich, daß die das rausgekriegt hat. Und ab dem Tag habe ich dann immer ein Taschentuch genommen, damit man nichts mehr sieht. Also, irgendwie war da ein Tabu in mir drin – einfach gefühlsmäßig übertragen, ohne daß da mit Worten etwas gefallen wäre. Und das ist überhaupt so – meine Eltern wollten nie bewußt negativ sein. Wenn irgendwas krumm gelaufen ist, dann war das eine ganz subtile Sache, der sie sich selber nicht bewußt waren. Die ganze Scheiße, die in den Menschen drinsteckt, vererbt sich ja praktisch durch Generationen. Wir sind dann beladen mit Dreck von Jahrhunderten.
Ich war in der Volksschule verliebt! Furchtbar, echt. Ich weiß, da war ein Mädchen, da war ich vielleicht in der 2. Volksschulklasse, und die war schon in der 6. oder so, in die war ich total verknallt, absolut verknallt. So kann ich mich heute nicht mehr verknallen, echt. Ich habe zu der auch mal was gesagt, bloß ein paar Worte, bin total rot dabei geworden, und trotzdem habe ich was gesagt zu ihr. Grad die erste Beziehung zu Mädchen, das kam eigentlich durch den Club in Öffingen damals. Da war ein Mädchen – war das überhaupt die erste? – ja, das war die erste oder zweite oder so, ist ja egal. Die war auf jeden Fall ein bißchen dick, und die hat mir halt gar nicht so gefallen, aber die sah so aus, als wenn man sie mal knutschen könnte. Ich weiß gar nicht mehr, was wir damals gemacht haben. Ich bin immer zu der und dann hat sie den Kassettenrecorder angemacht, und überall hingen Bravo-Bilder rum. Das ganze Zimmer, total kreuz und quer, so wie halt ein Mädchenzimmer aussieht, total eng mit weißem Bett und ein paar Kommoden. Und dort sind wir halt gehangen, da lief dann irgendwelche Bum-bum-Musik, Schubidua und so, Bravo-Bilder, und da hat man dann gesessen und hat auch Zigaretten geraucht. Halt rumgeknutscht, ja, rumgefummelt und irgendwie palavert. – Ich weiß noch, ich habe ziemlich lange

gebraucht, bis ich mich am Anfang wirklich mal an sie rangetraut habe, ich war da ziemlich schüchtern. Aber eigentlich stand ich immer auf 'ner richtigen Freundin, grad in dem Alter, das war ein älteres Mädchen, die war, glaube ich, damals schon 18, ich hätte zwar irgendwie gern mal mit der rumgeknutscht, aber die war zu alt, aber mit der konnte ich alles reden, das war wieder ganz anders. Also mit der konnte ich stundenlang reden, reden, das war saugut. Zu der bin ich immer hin, weil bei der habe ich totale Anerkennung gehabt, und ich habe die auch unheimlich mögen. Das war klasse.
Ich war schon in dermaßen viele Mädchen verknallt, aber ich habe mich nicht rangetraut. Das kommt halt durch die Erziehung, daß man nicht so offen zueinander sein kann. Ist doch alles darauf aufgebaut heute, der ganze Diskorummel und das ganze Theater, daß die Sache so unnatürlich abläuft. So lief das irgendwie auch oft ab, daß man nicht so frei war und gesagt hat: He, du gefällst mir einfach. Da gab es das Schema – die muß halt so und so aussehen und das und das anhaben, die und die Musik hören, das und das reden. Dann ist sie okay, ja? So Schubladen. Und wenn da halt eine reingepaßt hat in die Schublade, dann habe ich nicht den Mut gehabt, auf die zuzugehen. Ich habe das nur zwei- oder dreimal gepackt, dann wirklich hinzugehen. Stand fast vor einem Nervenzusammenbruch und dann sagen, also, ich finde dich irgendwie gut oder so. Das meiste läuft so mehr im Traum, in Gedanken ab. Da ist dann die Vorstellung: da gefällt mir vielleicht eine, dann bin ich nicht zu der, sondern heim und habe mir einen runtergeholt.Später war ich ziemlich lange verliebt in eine kleine Blonde, die hat mir gut gefallen, total. Die habe ich das erste Mal im Freibad gesehen, und dann bin ich total auf die abgefahren. Da haben dann andere das für mich gecheckt, ich habe mich einfach nicht getraut. Irgendein Freund von mir hat bei der angerufen und hat gesagt, sie soll kommen, ich wäre total verknallt. Dann ist sie gekommen, und ich konnte nicht mehr anders. Das war eigentlich total irre dann, also die wollte dann halt auch irgendwie mit mir zusammen sein. Da ging es das erste Mal bis Petting oder so, das war der totale Hammer. Aber zu der Zeit habe ich schon ziemlich viel gekifft, und die hat auch gekifft. Das wurde mit der Zeit total chaotisch, ich weiß eigentlich

auch nicht warum. Das hängt halt mit der Unfreiheit zum anderen Geschlecht zusammen, die in der Gesellschaft schon drinhängt.

Ich bin im Jugendhaus am Fenster gehangen und konnte es nicht erwarten, bis die kommt. Als ich sie gesehen habe, bin ich vom Fenster schnell verschwunden, daß sie nicht sieht, daß ich sie erwarte. Ich habe dann so getan, locker dagehangen, geraucht, und wenn sie dann gekommen ist, habe ich mich sehr auf die gefreut, aber dann war irgendwie nichts los. Ich habe dann immer so Typen bewundert, die Mordspalaverer waren, die Mordsstories erzählen konnten, oder die mir so erschienen, die mir einfach freier erschienen, die vielleicht bloß die größere Gosch hatten, ich weiß auch nicht. Und ich war noch zwei Monate mit der zusammen irgendwie, und zum Schluß wurde es halt immer beschissener. Es lief einfach nicht. Ich habe einfach Spannungen gehabt, locker – so wie man im Freundeskreis zusammen ist, daß man total locker wird, man kommt einfach aus sich raus, ist völlig entspannt irgendwie und kann rumblödeln, kann sich völlig gehenlassen. Und das lief da irgendwie nicht so, sondern die typische Situation, ich habe das richtig gespürt damals schon, ich habe vorne die Maske, die was vorspielt und dahinter sitzt ein kleines menschliches Männchen, das sich bemüht, die Maske schön aufrechtzuerhalten. Und das war ein Kampf, der mußte irgendwann zusammenbrechen. Die Erfahrung habe ich dann gemacht. Das spürt der andere auch. Ich meine, das ist die Sache, die Erfahrung – man möchte lieben, aber man weiß nicht wie, das klappt einfach nicht. Das ist nicht nur sexuell, damals wollte ich nicht unbedingt mit der schlafen, da war das Interesse gar nicht da. Auf jeden Fall war ich total fertig.

Die hat eines Tages gemeint, sie hätte keine Lust mehr. Das war der Schock, der totale Schock. Da bin ich nur noch rumgehangen und nur noch besoffen, nur noch gekifft und, es war brutal, da war auch die Selbsterfahrungsgruppe, da bin ich in Selbstmitleid total verschmolzen, alles war negativ und fertig, und ich wollte überhaupt nichts mehr wissen, ich wollte nur noch wissen, warum sie mich nicht mehr gern hat.

Da kam nochmal irgendein Mädchen. Überhaupt die Zeit damals, das ist irgendwie so verrückt, und zwar wo ich jünger war, so 13 oder so, ich glaube, am Anfang der Pubertät, ich glaube, man muß in dem Alter durch so eine gewisse schwierige Phase durch. Das ist wie ein junger Baum, der durch die Steine muß, bis er blühen kann. Also, mit 13 war alles noch Honeymoon, da war alles noch rosa. Da hab ich die Mordsvorstellung gehabt, mit 1000 Freundinnen und später mal Flugzeug, Motorboot und Mercedes, Villa und so weiter, die ganzen Träume halt. Und mit der Zeit habe ich gemerkt, daß ich mich gar nicht so entwickle wie meine Träume sind, daß das ja ganz anders läuft, daß es da Enttäuschungen gibt. Es war halt die Jugendhauszeit.

Mystisch

Es kam wieder ein ganz großer Wandel, eine unheimlich einschneidende Sache durch einen älteren Freund. Der ist mal aufgekreuzt, und der war für mich so ein älterer cooler Freak, irgendwie hat mir der Typ behagt, der war fit und der hat gesagt, da wäre ein Typ im Schwarzwald, und der hätte eine irre Villa mit verwildertem Park und würde total die Natur lieben und so und ob Lupo, Gabi und ich da mal hinwollten. Natürlich wollten wir da hin. Da sind wir dann mal eine Woche hingefahren, so ein bärtiger Typ mit langem rotem Haar, einer völlig verrückten Wohnung. Nur Sperrmüll, aber alles skurril, der ganze Typ war so skurril, ich habe auch ein bißchen Angst vor ihm gehabt. Das Haus war so verrückt und der Park und die Natur drumrum. Das war der erste Kontakt mit etwas Mystischem. Der hat geraucht, der hat gekifft, wir haben Shit mitgebracht, darüber hat er sich gefreut, und ich weiß nicht, wir waren total fasziniert, das war das Haus und das war so irre, so traumhaft alles. Wir waren dort eine Woche, und das war eine ganz andere Welt, wir sind im Park herumgelaufen, gebadet im Fluß und so Sachen, und ab dem Moment mußte ich da immer hin. Ich wußte nicht, was der Typ eigentlich macht oder gemacht hat, aber irgendwas hat mich umgehauen. Ich bin dann eigentlich jedes Wochenende in den Schwarzwald gegangen, ja, das war die ganze Zeit, da war nichts mehr mit Schule, mich hat Schule nicht mehr interessiert, ich bin am Wochenende weggewesen oder schon Donnerstag losgetrampt und dann am Dienstag wiedergekommen. Ich war nur noch dort, hab mir sogar ein Zimmer eingeräumt. Grad durch den Typ kam wahnsinnig viel Neues, auch das Interesse an der Natur ist wieder erwacht.

Jedes Wochenende sind früher meine Eltern mit uns wandern gegangen, da haben wir irgendwo draußen auf dem Land im Gasthof übernachtet oder sind mit dem Zug auf die Alb gefahren oder in den Schwarzwald zu Verwandten und dann gewandert in den Wäldern und über Berge, und das ist mir dringeblieben. Und als kleiner Junge war das für mich irre, mein Vater und ich haben Bäche gestaut, da war das noch recht locker. Später hat das dann nachgelassen das Interesse, das ist klar. Aber grad durch das, daß meine Eltern solches Interesse an der Natur hatten, rauszugehen, das ist mir heute noch total drin, ich gehe raus, wann's geht, und das ist da wieder aufgewacht, wo ich immer in den Schwarzwald bin.

Das war genau die Gegend, wo meine Vorfahren herkommen. Das war mir einfach von der Kindheit her so vertraut und dann natürlich Hermann Hesse, Calw. Hermann Hesse, ich bin total umgeschmolzen auf Hermann Hesse, das war der Hammer. Dem seine Bücher, die Welt, das habe ich völlig aufgesogen und meine Wurzeln kommen auch aus Calw. Da war eine Verbindung da und dann noch der Typ. Und irgendwie die Kindheit verbunden mit dem neuen Mystischen, das war die Bombe. Es war die Hoffnung plötzlich wieder. Ich bin so lange rumgeschwommen in diesem »ich weiß nicht, was tun«, und plötzlich war die Bruckwiese da. Und ich bin halt dauernd hin.

Ja, jetzt muß ich von diesem Typ erzählen, den ich da noch kennengelernt habe, ich glaube, es ist einer der bedeutendsten Leute, mit denen ich zusammengekommen bin. Die mich total beeindruckt haben. Der Typ hat im Wald in einem Gartenhaus gewohnt mit seiner Freundin, war schon über 50, hat einen Mordsbart gehabt, und der Typ hat uns also allesamt umgeblasen. Wir waren völlig baff von dem. Und das war ein Typ, der war früher mal in der Studentenbewegung um 68 rum aktiv, war mal Arzt, hat also ein bürgerliches Leben geführt. Hat was mit LSD zu tun gehabt, wo

das noch legal war. Hat durch die Erfahrung seinen Beruf gesteckt, weil er den nicht mehr ausführen konnte aus Überzeugungsgründen und hat sich dann völlig zurückgezogen, weil sie ihn gesucht haben wegen irgendwas, ich weiß es nicht mehr genau, auf jeden Fall war der Typ so eine Persönlichkeit, der hat einfach das Bild, das wir noch gehabt haben, total umgetreten. Irgendwie so eine Sache nimmt dir deine Freiheit. Er hat mir einfach Schleusen geöffnet, daß ich da wieder sehe, einen größeren Horizont kriege.
Von was der Typ gelebt hat, weiß ich heute noch nicht. – Manchmal wurde das Gespräch so hoch, daß ich nichts mehr geschnallt habe. Ich konnte ihm meine Musik vorspielen, der hat meine Musik verstanden. Ich habe ja viel musiziert, damals schon, Flöte und Gitarre. Der hat da mitgemacht, der hat Blues drin gehabt, obwohl er schon so alt war, und ich konnte über mich reden, wie ich sonst noch nicht reden konnte. Und er hat da weitergemacht, politisches Interesse ist erwacht. Es war so eine ganz verrückte Mischung, ich sehe das heute so, er war so – richtig – linke Bewegung, so 68er Uni usw., aber er hat sich zurückgezogen, er hat gemerkt, so geht es nicht, und er war irgendwie auf – nach Innen gehen.
Auf jeden Fall hat er mir ziemlich viel klar gemacht, wie die Sachen ablaufen usw., Zusammenhänge, die ich einfach vorher nicht geschnallt habe.
Ich bin dort auf dem Dachboden gelegen und hab gegrast. Ich war da zuerst nur noch mit einem Freund zusammen, und dann kam eben die Sache, daß wir plötzlich – das war wieder ein entscheidender Schritt – ich bin 18 geworden, entschieden haben, jetzt hört's mit der Schule auf.

Schluß mit der Schule

Da war der Schaschi dabei, der wollte es stecken, der Lupo war dabei, der wollte es stecken, der Mockl, der hat auch keinen Bock mehr gehabt, die Maria, die war eh schon mit der Schule fertig und dann kam noch der Ferdl und der Bernd dazu, der hat gerade seine Lehre fertig gehabt, und jetzt brauchen wir was, jetzt haben wir die

Schnauze voll. Wir haben uns schon zusammen getroffen bei der Mary und sind da und dorthin und haben so neue Sachen gemacht, wie zusammen Bilder gemalt und es war wieder neue Energie da. Ich bin aus der Schule raus, habe mein Abschlußzeugnis noch gekriegt, es war also kurz nachdem ich 18 geworden bin, gleich raus und dann sind wir rumgefahren, haben ein Haus gesucht und haben innerhalb von einer halben Woche ein Haus gehabt, ein Traum, verglichen mit heute. Wir wollten da Typen suchen, die haben da grad draußen im Remstal gewohnt, in Schnait, ob die was wissen und kommen dahin, und die sind ausgezogen gewesen, da sind wir gleich eingezogen. Das ging also so schnell, das war wieder eine Explosion, ganz neue Dimension, wir haben ein Haus zusammen und die Mordsvorstellung von: wir werden uns lieben und werden total offen zueinander sein und alles neu und wir fangen ganz frisch an und die Kacke kriegen wir schon weg. So halt, ja. Und das Haus zusammen gerichtet, die Wände gestrichen, Ideen zusammengeschmissen, das streichen wir so und das streichen wir so. So ist unsere Welt entstanden, Garten hergerichtet, Haus renoviert, es war ziemlich viel zu machen. Wir waren sehr viel allein da. Und dann kamen so Sachen, daß wir dann plötzlich auf Ernährung geachtet haben, da kam der Landtrip rein. Was da so alles dazugehört, selber Gemüse anbauen und selber sein Gras (Marihuana) zu ziehen und nicht teuer auf der Szene zu holen, sondern kostenlos selber zu ziehen und schön gucken, wie es wächst und gießen und lieben. Das war eine ganz andere Sache dann. Wir sind auch viel raus in die Natur, aber der Hammer an der Sache war, wir waren plötzlich frei, keine Eltern, keine Zwänge, nichts. Das Haus, billige Miete, wir konnten plötzlich tun und lassen, was wir wollten. Da war überhaupt nichts mehr, wir waren plötzlich völlig für uns verantwortlich. Da war schon noch eine psychische Nabelschnur nach zu Hause, daß man mal da Essen geholt hat, und ich habe noch ein Sparbuch gehabt mit 1000 DM, das ist immer weniger geworden. Der Hammer an der Sache war, wir wußten nicht, was tun. Wir wußten echt nicht, was tun. Wir waren im Winter in Schnait, und es war ein ziemlich kalter Winter, und es war halt der erste Winter für mich mit Holzofen und kaltes Haus, und du mußt erst ein Feuer morgens machen und Holz hacken und Wasser hast du im Keller hochgeholt, da war's auch kalt. So ein Leben. Ich wußte am Anfang ehrlich nicht, was tun. Wir haben dann angefangen, Musik zu machen und angefangen zu malen und so Sachen, aber im allgemeinen ist die Sache doch noch in eine recht depressive Lage gerutscht. Ich bin da wirklich aufgewacht morgens und war total fertig, ich war sauer, daß ich nicht mehr träume, und es war schon 10 Uhr, ich habe gewußt, jetzt mußt du schon mal aufstehen. Zur Situation hat noch dazu beigetragen, daß das Haus ziemlich dunkel war. Also, ich möchte heute nicht mehr darin wohnen, es ist ein grausiger, feuchter Schuppen gewesen. Aber für damals war das schon richtig. Das war echt eine Entwicklung, daß du da anfängst, aus dir selber zu schöpfen. Das ist ein Prozeß, aus sich selber raus zu schöpfen, weil man das ja selber total verlernt hat, bis jetzt haben sie es ja immer so gemacht in der Scheißschule, Klappe auf, Trichter rein und immer gestopft. Und jetzt sollst du wieder aus dir leben.

Dann sind wir zusammen nach Griechenland gefahren für drei Monate, das war wieder so ein Hammer: das Meer. Eine Wucht! Habe es vorher nicht gekannt! Am Strand leben, Fische fangen, Feuer machen, braten – die Wellen. Wir sind auf die kykladischen Inseln und haben dort in Leuchttürmen, Klöstern, Bauernhäusern, verlassenen Dörfern und Höhlen gewohnt! In einer Höhle wohnen! Nach zwölf Jahren Gymnasium! Weißt du, was das heißt? Und die klaren Sterne und Vollmond, und alle zwei Minuten eine Sternschnuppe – Flöte spielen, und die Berge senden das Echo zurück! Gitarre in den Wind halten, daß die Saiten vibrieren und Sphärenmusik entsteht. Es war einfach so schön. Und dann von einem Felsen ins Meer springen! Drei Monate weg von Deutschland bis nach Kreta - mein Reiseherz war erwacht, ich wußte, daß dies nicht meine letzte große Reise war!

Sind dann wieder nach Schnait ins »bunte Haus«.

Ja, das muß ich auch erzählen, dann kam die Trip-Zeit eigentlich. Mit Trips, LSD, ja. Wir waren ja ziemlich so auf, ja man kann sagen, pseudo-spirituellen Trips.

Da haben wir ziemlich viel gekifft, kiffen, Musik hören, Musik machen, malen, essen, schwätzen, rumdösen und ich weiß auch nicht, ich habe schon vorher paarmal Trips genommen, aber das war nichts Besonderes, ich habe nur nach meinem ersten Trip gewußt, daß ich nicht mehr so bin, wie ich war. Das war irgendwie ein Erschrecken und gleichzeitig was Positives. Ich habe einfach gewußt, ich bin nicht mehr so, ich habe die Erfahrung gemacht, und ich bin nicht mehr der, der ich mal war, da war ich ganz sicher. Damals in Schnait, da ging es los mit den Trips, und da haben wir – ich weiß nicht mehr wie – sehr gute Trips gekriegt, ganz viel, unheimlich viel, glaube aus Berlin oder so, und da haben wir eigentlich über den ganzen Winter nichts anderes gemacht als jede Woche zweimal auf Trip gehen zusammen. Da lief allerhand ab. Also da liefen Dinge ab, die ich jetzt erst begreife, die mir damals völlig unklar waren, die mich nur erschreckt haben oder verwundert haben. Es war die Situation – wir haben damals auch Bücher gelesen über Buddhismus und Zen. Das war total entscheidend. Zwei Sätze waren total entscheidend, der erste Satz war noch von dem Typ aus der Hütte, und das war eigentlich sein Abschied und der Satz ist mir heute noch drin: was ist, wenn Stille ist. Und der zweite ist im Grunde genommen dasselbe: egal, was in dir abläuft, dein ganzes Hoch und Tief, es sind alles nur deine Gedanken – Illusion. Das war der Satz, der war aus irgendeinem Buch. Also, alles, was abläuft, sind nur deine Gedanken, deine Einbildungen, und wenn es dir dreckig geht, ist es nur deine Einbildung. Ja, und die Trip-Sache, das war so, es war der Grundgedanke, verändere dein Leben jetzt, Paradise usw. Und Timothy Leary's Bücher haben uns sehr fasziniert – seine Übertragung des tibetanischen Totenbuchs – daß man auf Trip hohe meditative Erfahrungen haben kann, das hat uns ermuntert, auf Trip zu gehen. Einer von uns, der hat immer die Wahnsinnserfahrungen gemacht, der ist dann rum und war total bum und hat gesagt , alles ist eins, es wäre total wahnsinnig, er würde sich so irre fühlen und hat dann Musik gemacht, wunderschöne Musik gemacht, ist total abgefahren, total aufgelebt, noch Tag und Nacht voller Energie, hat nur noch fünf Stunden Schlaf gebraucht und lauter Zeug so. Bei mir hat das einfach nicht so hingehauen. Ich konnte machen, was ich wollte. Aber das war immer der Fehler, ich habe immer *gemacht,* ich bin in meine Gedanken reingekommen und LSD ist nichts weiter als eine Verstärkung von dem, was bereits da ist, und das ist überhaupt ein Punkt im Leben: fallen zu lassen. Nicht immer kontrollieren, sondern »erlauben«. Das hat bei mir einfach nicht geklappt. Ich erinnere mich, ich bin ja im Bett gelegen, bei knallender Hitze, am Ofen aufgeheizt und im Schlafsack, ich habe geschlottert, total gefroren und konnte mich hinlegen wie ich wollte, alles tut weh – und so Sachen. Ich habe nur noch – also total eingefressen im Kopf, aber auch ganz irre Erfahrungen, da kam einer rein und gesagt, ein Freund von mir wäre in die psychiatrische Anstalt gekommen. Der hat nicht gewußt, daß ich auf Trip bin, kommt da rein und sagt mir das plötzlich und da bin ich so erschrocken, bin im Bett hochgefahren, – was? – und ab dem Moment war alles anders, das weiß ich noch genau, da war ein Energiestrom durch und durch, der war noch völlig ungeläutert, ich habe das total gespürt, das ging so durch mich durch wie so ein Blitz, und ich konnte nicht stehen und irgendwie hat sich die Sache dann geläutert und die ganze Energie, die da durch mich durchzuckt ist, war ich, war in mir drin, und ich habe mich mit einem Schlag mordsmäßig gut gefühlt, also ein Lebensgefühl, wie ich es noch nie gehabt habe, ich war einfach in meinem Körper und habe das Gefühl gehabt, ich war seither immer nur im Kopf, ich war im Körper drin, und dann bin ich sofort raus, und ich habe fast nichts angehabt, bin auf die Straße raus, barfuß, und es war Winter, dann habe ich auf der Straße erstmal getanzt, und mir war überhaupt nicht kalt, und dann habe ich mich doch noch ein bißchen angezogen, und dann bin ich nachts in den Wald. Alles war Tanz, alles so intensiv, alles klarer. Ganz raus über Schnait gestanden und habe da runtergesungen und habe mich irre gefühlt. Und dann allein in den Wald und habe keine Angst gehabt, nichts. Das war ganz neu. Aber das war nur so kurz ein Türchen aufmachen, da kommt ein bißchen Licht rein, und dann bum – wieder zu. Und deshalb, im Grund genommen, blieb die Sache – ich habe eigentlich aus dem ganzen Tripzeug nur eins gelernt, daß ich nichts weiß, echt nichts weiß. Vorher, da war meine ganze Welt einfach so ein Kästchen, so klein, und so habe ich die Welt gesehen, und so war sie für mich auch. Und plötzlich war das eben alles kein Kästchen mehr, sondern ein total verschwommener

Riesenschwamm. Da war nichts mehr klar, überhaupt nichts mehr, aber ich wußte: vorher war mir noch weniger klar, ich war völlig verwirrt. Ja, da war noch eine wichtige Sache. Da kam ein ziemlicher Hammer nachher. Da hat sich die Gruppe vergrößert, wir waren zuerst sechs, und da kamen die Schwierigkeiten, die entstehen, der große Traum Kommune – lief plötzlich anders. Einer hat angefangen zu saufen, da sind plötzlich Saufkumpane gekommen, und wir waren so herrlich spirituell und kein Alkohol und Rauchen, nur Kiffen und nur ganz bestimmte Musik, wir waren also total bum, eingefahren. Und da sind die Typen gekommen, haben da mordsmäßig gesoffen und Zeug bei uns kaputt gemacht und rumgeschmissen, und da hat es entsprechend ausgesehen. Wir waren völlig entrüstet, aber es war eine Lehre, so wie ich das heute sehe. Es kam dann Kontakt zu Stuttgart, da war eine Wohngemeinschaft, die hat an der B 14 gewohnt, totaler Lärm, und die haben es nicht mehr gepackt, ja, großer Traum vom Land usw., und die sind dann plötzlich alle gekommen, und dann war die Bude total voll, wir waren 13 Leute im Hause, wo eigentlich drei Leute Platz haben. Da haben nun 13 Leute gewohnt. Ja, da kam dann noch ein Hammer, den ich ziemlich lange gebraucht habe zu verdauen. Und zwar habe ich mich total verliebt, und da war es eigentlich das erste Mal, daß ich einen wirklichen sexuellen Kontakt zu einem Mädchen hatte, daß da irgendwie was ablief. Und das lief so ab, daß die mir unheimlich gut gefallen hat, und die wollte mit mir schlafen. Plötzlich habe ich gemerkt, daß der Wunsch in mir gar nicht da war, mit der zu schlafen. Daß ich dauernd darüber geredet habe, also irgendwas muß ja da sein, alles redet darüber, ich habe auch darüber geredet, aber der wirkliche Wunsch, mit einem Mädchen zu schlafen, der war einfach in mir nicht da, die ganze Sache war bis dahin für mich gar nicht real, absolut nicht real. Ich erinnere mich dann noch, die war dann mit mir zusammen, und ich wollte die also ficken, und ich konnte sie einfach nicht ficken, mir ist er einfach umgefallen. Es war komisch, ich weiß nicht, ob ich damals sowas wie Muttersatz erwartet habe, auf jeden Fall wäre es mir viel lieber gewesen, die hätte mich einfach nur in den Arm genommen. Ich hätte da viel mehr davon gehabt, als daß ich mit ihr einen sexuellen Kontakt gehabt hätte. Auf jeden Fall war

ich hinterher dermaßen geschockt, ich war so fertig. Ich habe gedacht, es geht, und es ging halt nicht, ich habe plötzlich gemerkt, ich kann sie nicht ficken und habe dann lange dazu gebraucht es zu kapieren. Ich weiß nicht, ich bin damals im Haus gesessen, ich war tagelang nicht ansprechbar, also nicht, daß ich das nicht wollte, sondern ich habe einfach gar nichts mitgekriegt, es war ein Schock, echter Schock. Sie war irgendwie viel, viel weiter, also grad in sexueller Hinsicht, die hat ja schon oft mit Typen gepennt, und die ist halt auf mich gestanden. Ich habe ihr gefallen, und sie hat mir auch gefallen, und sie hat gedacht, das ist ganz normal, sie pennt mit mir und was weiß ich, ja. Sie hat dann bei uns gewohnt.
Das war total komisch, weil, sie hat nicht darüber geredet, und ich habe nicht darüber geredet, das war total verkorkst, es war also die Bombe, da hast du es Knirschen gehört. Die Sache hat mich so gepackt, so erschreckt, daß ich einfach nicht mehr da war. Ich hab es dann mit ihr auch nie mehr probiert. Ich konnte mit ihr nicht mehr, obwohl ich weiterhin neben ihr im Bett lag. Ich habe totale Angst gehabt, weil nicht darüber geredet worden ist. Es kam noch dazu, daß, weil ich nicht darüber geredet habe und sie auch nicht, sie es mit einer Freundin beredete und die Freundin hat großartig rumposaunt, was da ablief. Die war total komisch. Weil die auch auf mich stand, und ich wollte ja mit der nicht – und da war ich einfach fertig damals, ich war völlig am Boden.
Das ganze kam daher, daß Sex so tabu war zuhause, daß es fast unnatürlich war und immer so hinter herum lief. Ich habe dann lange gebraucht, um das zu überwinden, und erst später mit einem Mädchen, mit dem ich offen darüber reden konnte, hat's dann auch geklappt.
Wie es immer ist, es haut einen um, und dann kommt halt irgendwas oder jemand und zieht einen wieder hoch. Beides ist in einem drin. Der Drang, hochzukommen und irgendwelche Fesseln, die noch in einem drin sind, die einen wieder runterholen. Später kam ein Franzose mit seinem Sohn und seinem Hund. Die sind schon seit Jahren um die Welt gezogen. Die sind bei uns eingezogen und bum, war für mich neue Action da. Das Haus war ein Mordssaustall, und irgendwie habe ich da wieder was gehabt mit dem Typ zusammen,

seinem Sohn und so. Da war plötzlich wieder was los. Wir haben das Haus geputzt von oben bis unten, wir habe gezimmert, getöpfert, gehämmert, getischlert und alles mögliche. Ich habe plötzlich wieder große Lust gehabt, was zu machen, und da lief auch wahnsinnig viel ab, und ich bin dann halt aus dem Haus so rausgekommen: da kam eine Frau vorbei, die hat gemeint, sie hätte eine Wohngemeinschaft und ob wir nicht einziehen wollen, sie könnte uns leiden und sie hätte ein Kind, und wir könnten da vorbeikommen. Da sind wir dahingezogen, das war dann im Schwarzwald.

Bei mir war's Zeit, ja. Es war ganz verrückt, ich habe bis zuletzt da geschafft und gearbeitet, wir wollten eine Teestube draus machen aus dem Ding. Wir waren schon am Umbau und alles, und dann kam die Frau, und wir waren voll im Arbeiten drin, und die hat das gesagt, also sie hätte Platz, und dann war das Haus für mich gestorben. Bum, aus.

Die Franzosen waren dabei, die haben das Auto gehabt, und die sind auch mit, und mit einem Schlag war das Haus für mich tot. Ich habe gewußt, du mußt da jetzt raus, und du kaust da nur deine alte Suppe wieder, und du hast dich da in irgendwas reingefahren, da mußt du raus. Dann waren wir in Villingen, es war eine neue Umgebung. Da haben zwei Frauen gewohnt, grad die eine Frau, die war schon etwas älter mit ihrem Kind, dann noch eine, die war auch schon älter, und mit einem Kind zu wohnen war neu, und wir haben eigentlich einen ganz fidelen Laden gehabt da in der Stadt. Dann sind wir alle aufs Land gezogen, haben ein Haus ausgebaut, das abgebrannt war, das hat einem gehört, einem Freund von uns, und die Brandversicherung hat den Neubau bezahlt. Wir haben da alle zusammen gewohnt.

Die eine Frau hat mich damals sehr fasziniert. Das ist komisch. Die hatte schon ziemlich bewegte Sachen hinter sich, war verheiratet und hat ein Kind gehabt. Das Kind ist jetzt tot, mit 13 an der Fixe gestorben. Das war später und ein ziemlicher Schock, hat mich total umgehauen.

Der war in der Wohngemeinschaft mit uns gewesen, ist aber immer wieder abgehauen, hat vom Plattenklauen gelebt und hat Hunderte von Platten gehabt, die er nach und nach verkauft hat.

Dann kam die Zeit, wo er angefangen hat zu fixen, die Platten sind immer weniger geworden, weil er sie verkaufen mußte, er ist auch immer weniger geworden und plötzlich war er futsch, der Typ. Er ist an seiner Kotze krepiert. Also ganz brutal.

Beim Bhagwan

Wir sind zu fünft aufgebrochen, wir wollten nach Neuseeland. Der Höhepunkt war auf der Fahrt so ein Bus Istanbul-Teheran. Das sind so 3-Tage-Nonstop-Fahrt ohne Hotel. Wir sind hinten zufälligerweise zu fünft auf der letzten Bank gesessen, da passen gerade fünf hin, letzte Bank, und das war praktisch unser Abteil. Wir haben da eine Encountergruppe gehabt. Wir haben uns gegenseitig ausgekotzt, total ausgekotzt gegenseitig. Die Sache hat sich angespannt. Wir haben so viel Zeug an uns entdeckt, wir haben praktisch den Scheißkübel umgekippt und der ist ausgelaufen und ausgelaufen und wollte nicht mehr aufhören. Es war auf der einen Seite eine Erleichterung, endlich mal Dinge rauszulassen, die du immer abblockst. Auf der anderen Seite wollte es nicht mehr aufhören, und ich habe keine Lösung gefunden, das zu stoppen. Der Versuch, das zu stoppen, das war genau der Fehler. Wir konnten das schlecht akzeptieren. Da liefen solche Dinge ab, wie in Istanbul z. B. Da war die Situation, daß Thomas und Peter in Erleuchtungsspace waren, die waren total hui, und die haben sich wahnsinnig gefühlt, und ich habe mich überhaupt nicht mehr wahnsinnig gefühlt. Es ging einfach um die Sache, einfach um das Begreifen des Lebens, was ist los. Was ist das mit dem Leben, warum fließt es nicht. Es ging um Liebe, kann ich lieben, liebe ich euch, liebe ich mich selber und liebe ich das Mädchen, das war so krass.
Das ist so bei einer Zweierbeziehung, da kommt das ganz krass raus. Jetzt muß ich auf den Bhagwan kommen, das ist unheimlich wichtig. Das habe ich dort begriffen. Wirklich zu lieben, das ist dein Ich fallenzulassen, dich aufzulösen, das klingt vielleicht blöd nach Worten, ja, aber ich begreife das auf eine gewisse Art und Weise. Wenn du wirklich lieben willst, mußt du dich völlig hingeben, und dann kannst du jemand anderes lieben, dann kannst du auch dich selber lieben. Aber alles andere, was nur im Kopf abläuft, ich liebe

dich, weil du so und so bist und weil du mir diesen Wunsch erfüllst und so, das ist keine Liebe, sondern das ist ein gegenseitiges Ausbeuten. Ich brauche dich, weil. Und um die Dinge ging es da. Das war bei mir sehr krass zu der Zeit, so lief das bei mir schon öfters in Zweierbeziehungen, daß ich mich da praktisch reinfresse, ich möchte dich lieben, aber ich kann nicht. Das wirkt sich dann auf mein ganzes Leben aus, ich sehe mich also total so: ich kann nicht lieben. Das ist vielleicht auch ein Grund, wo ich mich z. Zt. lockerer halte. Wenn dann irgendwie mal eine kurze Beziehung ist, dann ist das hauptsächlich eine sexuelle Beziehung. Aber ich treffe einfach niemand mehr, zu dem ich eine tiefe Beziehung haben wollte. Vielleicht ist das einfach die Zeit, ober ich bin nicht bereit dafür. Vielleicht habe ich wieder Angst vor so einer engen Beziehung.

Jetzt mache ich mal auf der Reise weiter. Wir haben uns total ausgeschüttet gegenseitig und geflennt und geschrien und die ganzen Dinge rausgelassen. Und das Rauslassen war eine gewisse Erleichterung, aber nachdem wir rausgelassen haben, sind wir alle fünf an einem Punkt angekommen, der war absolut null. Da wußte keiner weiter, wir haben zwar alles rausgekotzt, aber wir sind so dick in der Scheiße gesessen, wir wußten einfach nicht – wir waren in Afghanistan, das weiß ich noch, und sind im Hotelzimmer gehängt, tagelang wurde nichts geschwätzt. Nichts zu sagen gehabt, gar nichts, da war nur eine Spannung im Raum, bisweilen hat mal einer »aaaaaa« gemacht oder so – »ich halte es nicht mehr aus« – oder so und dann haben wir versucht, das ein bißchen locker zu nehmen, aber jeglicher Saft war weg, war total weg. Und dann ging es irgendwie los, dann habe ich schon gemerkt, es geht nicht weiter. Die zwei Mädchen sind dann vorausgefahren bis Kabul und wir drei sind hinterdrein gekommen, das war natürlich auch recht komisch, die Mädchen reisen vorneraus, die Jungs hinterdrein, das war ganz komisch. Ja, dann kam in Kabul nochmal so eine kurze Zerfleischungsszene. Dann haben wir einen Typ getroffen, der lebt seit 15 Jahren in Indien, ist ein Deutscher, graue Haare, alter Mercedes-Diesel, ganz verrückte Persönlichkeit, ganz verrückter Typ. Der war plötzlich mit uns zusammen, und eines Tages kommt der rein und meint, also im Grund genommen geht's hier um nichts anderes als ob ihr zusammenbleibt oder euch trennt, also entscheidet euch jetzt! Da waren wir so baff, und das war so komisch, ich wußte mit einem Schlag, ich bin zu dem hin und habe gesagt, ich fahre jetzt mit dir weiter. Ich habe die Schnauze voll, ich komme da nicht weiter. Und das war wieder so komisch, das war wieder so eine Befreiung, mit dem Typ zu fahren, da war noch mal so ein anderer dabei, und der Typ, der kannte natürlich alles, die ganze Strecke. Der ist die schon seit 15 Jahren gefahren, der kennt sie noch, wo sie nicht asphaltiert war und kennt alle besten Plätze, und ich habe durch den also irre Plätze kennengelernt, habe wieder malen können, und das war ein ganz neuer Space wieder. Habe die ganze Zeit dagesessen und gemalt und Musik gemacht und innerhalb einer Woche war ich wieder ein neuer Mensch. Ich habe die anderen auch noch mal kurz getroffen, aber die haben mich echt gar nicht mehr interessiert. Vielleicht war es auch irgendeine Abwehr, echt, war ganz verrückt. Also in Delhi – ich habe den Typ dann verlassen – und bin nach Rawalpindi, Hauptstadt von Pakistan, und mußte dann wieder allein weiter, und in Delhi wußte ich also, ich gehe nach Neuseeland. Habe dann auch dufte Leute getroffen, paar Österreicher und Österreicherinnen. Ich habe mal was vom Rishikesh gehört, nur so einen Namen, und da habe ich gesagt, da fahren wir jetzt hin und gucken mal, was da ist. Dort war ich beim Siwananda Ashram, Siwananda war so ein Erleuchteter, der lebt aber nicht mehr, und beim Maharishi Mahesh Yogi, der mit der transzendentalen Meditation, der mir aber auch nicht behagte, und dann hatten wir einen Monat eine ganz irre Zeit in den Bergen gehabt, wo es keine Straßen hat, keinen Strom und nichts gibt, sondern nur kleine Dörfer, ganz oben, so Vorhimalaja, wo Shiva war, also ihr Gott, wo die Sadus in Höhlen wohnen.

Wir waren zu Fuß, barfuß und total gespart, täglich nicht mehr als 50 Pfennig ausgegeben, also wirklich eine dufte Zeit gehabt, das war der Hammer da oben, einfach, das war so entrückt von der übrigen Welt wieder und so eine Natur, da hat's dich umgeblasen. Das war so herrlich, irgendwie so ein Superschwarzwald, total grün und außerdem Palmen und seltene Gewächse und irre Vögel und Fauna wie Flora, ganz irre, und irre Tempel und so Sadus, die da nackt draußen pennen bei Eiseskälte und denen macht das nichts und lauter so verrückte Sachen.

Wir wollte einfach in die Berge, weil es uns interessiert hat nach mehreren Bädern im Ganges, jetzt gehen wir mal nach oben und treffen da eine Amerikanerin, die war weiblicher Sadu, die lebt also schon seit Jahren in Indien, hat schon lange keinen Paß mehr, sieht völlig indisch aus und nennt sich Shanti deva, d. h. göttlicher Frieden. Und die meint, ob wir nach Neel Kant wollten, sage ich, ja, wir wären gerade auf dem Weg zu einem der heiligsten Plätze in Indien. Da sind wir mit der zusammen gewesen, und wir waren völlig auf dem Shivatrip.

Sie war schon eine highe Frau, aber ich habe sie nicht ganz gepackt, die war faszinierend, aber – es ist verrückt, was für Leute es gibt. Und dann sind wir aus den Bergen wieder raus, war eine irre Zeit, das war ganz neu wieder alles, und wie die Sache halt so war, das ist so lächerlich – da laufen so lächerliche Sachen ab: ich habe ein orangenes Hemd gehabt und einen Tag habe ich das orangene Hemd angezogen und habe gewußt, ich fahre nach Poona, nächsten Tag habe ich ein weißes Hemd angezogen und habe gedacht, Scheiß auf Poona, ich bleibe bei den Sadus. Den nächsten Tag habe ich wieder das orangene Hemd – also schon kindisch irgendwie – und irgendwann habe ich gewußt, jetzt fahre ich nach Poona, das zieht mich an, ich weiß nur, ich muß dahin, ich wußte nicht warum, ich muß dahin. Und ich fahre wieder nach Poona und komme dort an. Der Guard, der vor dem Ashramtore steht, sagt zu mir, ich komme so nicht rein, ich soll mich erstmal waschen und schlafen, war ich erstmal baff, wieso kann ich nicht rein. Das waren gleich am Anfang solche Dinge, die habe ich gar nicht gepackt. Wie das in Poona ist, nichts mit toller Landschaft und phantastische Himalajas, gar nichts, sondern das ist so ein kolonialistischer Vorort mit reichen englischen Villen, Zuckerbäckerstil, und es hat schon irre Vegetation in dem Gebiet, große Bäume, herrliche Parks, und dann landest du in irgend so einem »dormitory«, ein ehemaliger Herrensitz. Wie ich da das erste Mal war, war die ganze Umgebung ein Horror, und wo ich diesmal dort war, habe ich die Umgebung geliebt, ganz komisch. Es ist nur, wie man das sieht.

Ich muß jetzt vom Bhagwan erzählen. Das ist so, du kommst morgens rein, und da sitzen vielleicht 1500 Leute in einer Halle aus so Tüchern und Stangen und alles ist still. Die ganze Masse, alles orange oder alle Rottöne halt, alles ist still, sitzt da, und plötzlich kommt Bhagwan, da kommt ein Typ rein, und der – es ist einfach total verrückt – der sieht aus, wie wenn er fast durchsichtig wäre, der schwebt fast rein und grinst, dem reißt's schier die Backen ein, grinst da und ist also total verrückt, das packst du gar nicht, der ist echt fast durchsichtig, als wenn er da ist und doch nicht da ist. Dreht sich zu jedem hin, platscht sich in seinen Sessel und fängt dann an zu reden mit diesem lustigen Indisch-Englisch und redet einfach über das Leben, über das, wie du lebst und was du machst, als ob er zu dir selber redet, und ich war einfach total weg, ich war so baff, das hat mich einfach umgehauen das Ganze. Ich bin mit wahnsinnigen Zweifeln da reingekommen, aber ich mußte einfach wissen, was da los ist, und ich möchte heute noch wissen, was da eigentlich los ist, ja?
Grad z. Z. kriege ich ziemlich viel Briefe, so: was soll das mit deinem Orange und Bhagwan, und ich finde das brutal schade, daß du der Massensuggestion zum Opfer fällst usw., ich kann mich auch wohl fühlen ohne Bhagwan, solche Briefe kriege ich z. Z. Und die verwirren mich auch. Aber in Poona ist so eine wahnsinnig positive Energie, daß mir das soviel Saft und Kraft gegeben hat, daß sich das Leben echt anders sehen läßt und daß ich vielleicht nicht erleuchtet bin bis jetzt, daß da aber echt Dinge ablaufen, daß ich mir einfach klar geworden bin, daß da was los ist. Es hat sich was getan, ich stehe dem Leben nicht mehr so negativ gegenüber.
Ja, das ist tatsächlich so. Das ist eigentlich genau das, was der Bhagwan sagt. Er meint das, was er redet, so wie er lebt, was er ist, er sagt, wir sind alle erleuchtet, mit dem Unterschied, wir wissen es nicht, haben es nicht bewußt erfahren und er weiß es eben, er hat's erfahren. Das kann er mit Worten nicht ausdrücken, also sind praktisch alle Worte Beschreibungen, die er für das »Wahre«, »Gott«, »Universum«, »Kosmos« benützt, falsch, da es sich nicht beschreiben läßt, nur erleben. Aber er benützt praktisch die Worte als Hammer, um ihn uns dauernd auf den Kopf zu schlagen, daß wir

endlich mal aufwachen sollen. Ich weiß noch, ich habe dann angefangen, dort Gruppen zu machen, da gibt's ja so Gruppen, das fängt erst mal an mit einer Spielgruppe, da wird durch Spiel erst mal klar gemacht, wie unbewußt du überhaupt bist und das sind alles so Spiele, also das ist total irre, das sind 140, 160 Leute in einer Gruppe, da machst du so Massenspiele, so awareness, Bewußtsein, Wachsein. Das ist keine Konzentrationssache, du mußt nur *da* sein, jetzt im Augenblick, um das dreht sich alles, voll *da* zu sein, nicht mit den Gedanken voraus oder mit den Gedanken hintendrein in der Vergangenheit oder irgendwas dranhängen, sondern jeden Augenblick total bewußt leben, und dann bist du absolut frei von der ganzen Scheiße. Deine ganze Neurose beruht nur auf deinem Gedankengewühl. Und in der Gruppe war ein Band mit einer Lektion vom Bhagwan, das hat mich also völlig umgehauen, weil er hat gesagt: Probleme existieren gar nicht, das eigentliche Problem wäre, daß wir meinen, wir hätten Probleme. Weil, wir sind so konditioniert worden, die Welt so und so zu sehen und nicht anders. Dieser »Kasten« ist unser Problem. Aber an sich ist das Leben die totale Glückseligkeit, und das ist in jedem drin, man muß das nur erfahren.

Da ist eine Gruppe, bei der ich mitgemacht habe, die nennt sich Intensive Enlightment, und da fragst du nur drei Tage und drei Nächte lang: Who am I? Da ist immer ein Partner, der wechselt immer, den kannst du dir aussuchen, das geht immer eine halbe Stunde, dann hast du einen anderen Partner, fünf Minuten Pause und so. Und das ist also totale Zermürbungstaktik, da sitzt man also gegenüber, und der sagt dir: Tell me who you are – sage mir, wer du bist. Und dann geht's halt los: Ich bin der und der, und ich mache das und das, wer bin ich eigentlich? Und dann geht's los, dann fängst du an zu flippen, weil du bist jeden Augenblick eigentlich ein anderer, und am Schluß weißt du überhaupt nicht mehr – du hast praktisch Redezwang, du sollst nicht aufhören zu reden und du kommst so rein in irgendwas, also ich wäre damals schier mit dem Kopf gegen die Wand. Ich habe so eine Wut gehabt gegen mich selber.

Das hat sich am dritten Tag dann plötzlich so entwickelt, daß du in einer gewissen Weise einfach da warst, okay, wir sind soundsoviel Leute, und wir sitzen hier, und da hast du jetzt einen Partner, und du bist einfach jetzt mit dem Partner da und bist hier und freust dich an der Sache. Und das hat sich echt irgendwie so entwickelt, der dritte Tag ist dann richtig lustig, eine totale Blödelei geworden. Es war plötzlich nichts Schweres mehr. Es ist auch so: du kriegst ganz wenig zu essen, bist aus deinem gewohnten Lebenslauf rausgerissen, und da laufen irre Dinge ab, du bist isoliert von der Außenwelt, du sitzt in einem Raum und kriegst ein ganz anderes Empfinden durch die magengerechte Ernährung, nicht kopfgerechte, sondern magengerechte Ernährung, und du riechst plötzlich wieder richtig und schläfst herrlich, und es liefen einfach irre Dinge ab. Daraufhin habe ich dann Sannyas genommen, ich habe da lange gezögert, aber das ist dann irgendwie einfach passiert.

Sannyas nehmen bedeutet für mich, zu Bhagwan soviel Liebe zu empfinden, zu einem Meister, daß du sein Schüler sein möchtest. Es ist eine Liebesbeziehung auf einer ganz neuen Ebene. Ich finde, Bhagwan mit Worten gesagt einfach irre, spitze, umwerfend, verwirrend, Angst einjagend, beruhigend – aber das Gefühl kann ich nicht so ausdrücken. Es macht mich glücklich, daß es einen erleuchteten Meister wie Bhagwan gibt, zu dem man hingehen kann, der lebt. Aber es ist eine große Herausforderung für mein Leben, daß ich Dinge in meinem Leben verändern will, hin zum Positiven, Bejahenden, zum Lachen, Singen, Tanzen – weg vom Grübeln und Verneinenden – weg vom Brei dieser Wahnsinnszivilisation. Irgendwie ist mir das klar geworden in den letzten Jahren, daß die Sache, wie ich's auch mal dachte, Gesellschaft verändern, Bonzen weg und dann ist's okay – eben doch nicht so einfach ist, die da oben verjagen, die Arbeiter befreien, wie man's so schön sagt und dann gibt's keine Neurose mehr. Mir ist eben klar geworden, daß die ganze Welt in mir selbst drinsteckt – im Kleinen – da gib's Haß, Eifersucht, Aggression, Hab- und Mordgier, Liebe und Freude – alles ist drin in mir – und darüber muß ich mir selbst einmal klar werden, und fängt man an zu meditieren, so ist das eine Reise in neue Bereiche, und für mich ist das Entdecken meines Körpers und meiner Gefühle wie das Entdecken und Kennenlernen eines neuen Erdteils. Die Reise geht nach innen – doch die Gesellschaft versucht weiterhin – innen gähnt die Leere – das Glück außen zu finden –

immer größer, gigantischer, moderner, wir brauchen Autobahnen durch unsere Wälder und Atomkraftwerke für unsere Felder – die Krankheit unseres Denkens schreit mir ins Gesicht, nur scheinen das nicht allzuviele erkennen zu wollen. Und so viele kriegen's mit, machen aber nichts, spielen mit oder versumpfen, aber – Mensch, da ist so viel Freude, so viel Saft und Kraft in mir drin jetzt, und ich mag diese Erde, wenn's mir auch jämmerlich graust, was für eine Scheiße die Menschen in Ost und West und überall machen. Und neben diesem ganzen Wahnsinn auf dieser hochexplosiven Atomgranate Erde gibt es Leute wie Bhagwan, die ein absolutes Ja zum Leben haben, die einfach im Hier und Jetzt leben – aus dem sich ewig drehenden Rad der Gegensätze austreten – bewußt werden! Wir leben alle so unbewußt! Da fühl ich mich zu jemandem hingezogen, und einen Tag später kann ich die Person nicht mehr ausstehen – meine Emotionen beherrschen mich? Da bin ich unfähig, auch nur für eine Minute wirklich einzig und allein dem Rauschen eines Baches zuzuhören – meine Gedanken sind nicht meine Diener sondern meine Herren. Die Gedanken halten mich davon ab, voll da zu sein, jetzt, hier!

In uns liegt das ganze Geheimnnis Leben, und es ist so ein Trip, da reingehen und dazu brauch ich keine Drogen mehr, mein Körper birgt so viele Geheimnisse, Körper und Geist sind wirklich eins.

Aber viele Erfahrungen machen mir Angst, da in mir viele Erfahrungen abgeblockt sind, viel altes Zeug von früher möchte raus, möchte ausgekotzt werden. Es ist für mich oft sehr schwierig, mich auch diesen abscheulichen Dingen in mir zu öffnen und sie zu erleben und zu akzeptieren. Doch, je mehr ich mich öffne, desto mehr Glück kann ich auch empfinden – wer wirklich weinen kann, der kann auch herzhaft lachen.

In Poona bei Bhagwan hab ich das Weinen auch wieder gelernt, den Panzer, den ich um mich selbst gebaut habe, aufzubrechen. Es ist schön, jemanden einfach zu umarmen, weil ich ihn mag oder jemand in die Augen zu sehen, lange, auch wenn da alles mögliche hochkommt – ich möchte mich nicht mehr verstecken hinter einer Maske, ich bin kein Mordskerl, und ich glaube, du willst deine Maske auch schon lange fallen lassen – es kostet auch soviel Energie, sie aufrecht zu erhalten – ich möchte fließen – mich der Existenz hingeben, ich möchte die Erde nicht beherrschen wie der gegenwärtige, größenwahnsinnige Mensch, bin ich in der Natur, so merk ich, daß es wie ein Geschenk ist, da zu sein, und ich schätze es sehr. Ich möchte dir in die Augen schauen, es geht dir doch genauso wie mir! Ich möchte wieder fühlen, Gefühle lassen, nicht kontrollieren – wer bin ich im Vergleich zum ganzen Universum! Alles geschieht einfach und das ist so wahnsinnig! Mir ist das in Poona klar geworden, und es ist einfach gut, weil dort so viele Menschen sind, die ihr Leben verändern möchten. Der ganze Ashram ist ein großes Energiefeld, in dem sich stets alles verwandelt, und das ist das Wichtigste an so einem Ort: lebe ich hier in der Stadt, umgeben von Hektik, Streß, Lieblosigkeit, so brauche ich soviel Energie, um meinen kleinen Freiraum zu verteidigen, daß mir wenig übrig bleibt mich zu verändern, alles ist auf Distanz – Unnahbarkeit.

Ganz anders in Poona, da ist es eine Herausforderung, dich zu verändern! So viele lachende Gesichter! Menschen, die sich umarmen, die singen und tanzen! Da muß einem einfach der Muffel und Miesepeter vergehen! Das ist das Tolle: da ist so viel positive Kraft, daß du merkst, du bist für dich selbst verantwortlich, und wenn dir was nicht paßt, so schieb's nicht auf die anderen ab, sondern find heraus, was in dir selbst nicht stimmt!

Vielleicht werden einige sagen, daß ich aus der Realität in eine heile Welt flüchte, aber jetzt bin ich wieder einer in der sogenannten Realität, und ich habe wirklich noch nie so gut gelebt hier! Hätte mir früher wirklich nicht denken können, daß ich im »Kotzbeutel« Fellbach so gut leben werde.

Aber jetzt habe ich viel erzählt und wollte nur »Sannyas nehmen« erklären. Wie gesagt, es ist einfach ein Ja zum Leben, Ja zu Bhagwan. Und äußerlich sieht das so aus, daß ich eben in orange rumlaufe, die Mala – eine Kette mit 108 Perlen mit Bhagwans Bild trage – und einen neuen Namen habe, heiß jetzt Swami Prem Joshua, was übersetzt »die Liebe ist das Heil Gottes« heißt. Das ganze ist eine völlig unernste Sache, wie das Leben überhaupt! Der Name scheint sich jedoch hier im alten Freundeskreis nicht

durchzusetzen, und statt dem Joshua bin ich halt der Wolfi, aber Namen sind eh nur Namen! Wichtig ist, was in uns passiert!
Ich hab noch weitere verschiedene Gruppen gemacht, z. B. eine, die sich mit der Lebensenergie in dir beschäftigt, so neo-reichianische Bio-Energetik-Übungen – der Grundgedanke ist hier auch: Körper und Geist sind eins und seelische Blocks, die in uns stecken, äußern sich auch durch Spannungen im ganzen Körper – durch verschiedene Techniken wie bestimmte Atmungsweisen und Massage kann man diesen Block lösen und die Gefühle freisetzen.
Früher sind mir solche Blocks in mir nicht aufgefallen, doch wenn sie langsam verschwinden und der Körper wieder frei wird, merkt man den großen Unterschied. Sehe ich heute Menschen auf der Straße, so sehe ich auch ihre Verkrampftheit, die die »Erwachsenen« vom Kind unterscheidet. Weiter habe ich eine Gruppe gemacht, die sich mit der japanischen Massageart »shia tsu« beschäftigt, außerdem viele verschiedene Meditationen wie »zazen« oder »vipassana«, das sind Meditationen in Ruhe mit geschlossenen Augen oder Aktiv-Meditationen, die Tanz, Schreien, Schütteln, Hüpfen, Kriechen, Röcheln, Wälzen usw. beinhalten. Diese mach ich auch hier in Fellbach, man braucht nur einen ungestörten Ort dazu (schwäbische Nachbarn können recht bösartig auf Ungewöhnliches reagieren). Ich habe in den Gruppen gelernt, daß es besser ist, das, was in mir ist, auszuleben, statt es in mich reinzufressen.
Viele Gruppen sind auch völlig unstrukturiert, da kommen so ca. 12 Leute zusammen in einem Raum, der nur Kissen und Matratzen enthält, und dann ist man drei bis zehn Tage zusammen – da passiert dann schon einiges! Alles ist erlaubt, außer roher Gewalt ... Man kann z. B. auch die Janov'sche Urschreitherapie in Poona machen. Das Ganze ist eine Verbindung aus östlichen und westlichen, uralten und neuen Möglichkeiten – Therapien, um zu dir selber zu kommen.
Ich habe eine Tantra-Gruppe gemacht, also Tantra ist so eine alte Lehre, die Sexualität mit Spirituellem verbindet. Das hat ziemlich viel ausgemacht, das Tier in einem zu akzeptieren. Überhaupt, die ganze Kacke, die Vorstellung, die man hat, daß die Frau so und so aussehen muß und daß man die und die geistige Beziehung braucht, um mit der zu schlafen usw. und um die Scheiße mal irgendwie zu

reinigen und wie ein Tier zu leben. Und das ist drei Tage, und wenn sich was ergibt, mit einem Mädchen zu schlafen, schläfst mit der. Und das hat mir eigentlich einiges gebracht so, das muß ich schon sagen. Es hat aber auch einiges aufgedeckt, wo ich noch Hemmungen hab. Das ist ja nicht nur in der Tantra-Gruppe so, daß du genau merkst, solange du dich jetzt hier nicht absolut frei fühlst, ist noch etwas in dir drin.

Ich habe da ein irres Erlebnis gehabt, das nicht homosexuell war, das ich sehr schön fand, grad in der Tantra-Gruppe. Da haben wir ein Spiel gemacht, daß alle blind rumlaufen, und dann berührt man sich einfach, und dann geht man zusammen, es sind ja alle nackt, und ergibt sich irgendwas mit der Person, egal was, es braucht sich auch nichts zu ergeben. Ich fasse da also eine Person an, denke erst, es ist ein Mädchen, und da mehr Typen in der Gruppe waren als Mädchen, bin ich erstmal froh, und plötzlich merke ich – es ist ein Typ. Das war dann eine ganz irre Sache. Ich konnte eigentlich zum ersten Mal, und das war etwas, was ich eigentlich schon immer machen wollte, auch zu einem Typen zärtlich sein, ohne daß da irgendein sexuelles Gefühl ist – irgendwie ist es sexuell, wenn du ihn berührst, aber ohne daß er dir hochgeht oder so. Also einfach, das fand ich so herrlich, ich habe mich so geborgen gefühlt, das war ganz klasse. Und das ist echt etwas, was du hier nicht darfst irgendwie. Wenn zwei Typen aneinander hängen, dann sind sie schwul, das ist verboten. Wenn es Mädchen machen, ist es was ganz anderes. Die können Hand in Hand rumlaufen, Typen nicht. Ich stelle das hier ganz arg fest, ich komme mir manchmal ganz komisch vor, ich kriege öfter gesagt, ich wäre so anhänglich, also ich müßte immer gleich hintatschen oder so, aber ich brauche das total, Menschen zu berühren. Und ich merke es einfach, daß hier irgendwie in den Beziehungen soviel über's Maul abläuft, und ich habe so oft das Gefühl, daß ich viel gerner einfach schmusen würde, einfach schmusen, da muß irgend sowas rauskommen, du mußt nicht immer so eine Mordsstory erzählen oder so. Gestern habe ich und morgen werde ich und ich bin . . .

Das ist so ein Bedürfnis, einfach mehr zusammenzukommen.

Wenn ich so zurückdenke, fühle ich eine Mischung aus Verlangen dahin zu gehen, weil so viel Irres passiert, und aus Angst. Ganz ehrlich, ich hab manchmal auch Angst vor der Sache dort, einfach weil ich da auch in Kontakt mit weniger erfreulichen Seiten von mir komme. Aber, wenn ich mir überlege, du gehst in den Ashram rein und du triffst jemand oder kennst ihn auch gar nicht, und da passieren Dinge, du siehst jemand und plötzlich ist das so komisch, vielleicht ein Mädchen und fängst plötzlich an zu lachen und gehst einfach hin und umarmst die, einfach weil das dein Gefühl ist. Und die Gefühle, die habe ich hier irgendwie auch, ich hätte manchmal Lust, auf der Straße einfach – hauptsächlich eine Frau – dahinzugehen und sie zu umarmen, egal was dann kommt, einfach weil ich Lust habe, weil mir jetzt ihr Gesicht gefällt. Oder auch einen Typ. Und solche Dinge passieren da. Und das Überraschende ist, ich habe das nie gedacht, aber auf dem Rebstock und auch jetzt auf der Jugendkulturwoche in Stuttgart sind solche Sachen passiert, die ganze Zeit. Und ich bin so überrascht, daß das hier auch geht. Z. B. so Spontantanzen auf dem Rebstock, das fand ich so herrlich – das habe ich seither noch gar nicht mitgekriegt hier – du gehst einfach vor und tanzt und plötzlich sind sehr viele Leute da und alles tanzt und du kennst die Leute nicht, und du hast einen Mordsspaß und du fällst dann in die Arme und verstehst dich saugut, ohne daß du irgendwas jetzt von dem anderen weißt. Und jetzt grad in Stuttgart auf der Jugendkulturwoche oder Flohmarkt, da waren auch so irre Sachen. Begegnungen mit Menschen, die absolut nicht auf der verbalen Basis waren, sondern z. B. nur durch Angucken. Daß du jemand ganz lang anguckst und du hast überhaupt keine Bedrängnis gefühlt, sondern du siehst den anderen wirklich als Mensch. Und du tanzt plötzlich mit irgend jemand. Der kommt vorbei, und du tanzt mit der Person, und das ist so ein gegenseitiger Tanz, und das ist ganz irre, das ist ein Spiel. Solche Dinge finde ich saugut. Und wie ich die Sache sehe, ich weiß, ich muß wieder hin. Ich habe zwar auch Zweifel, aber ich glaube, daß meine Zweifel ehrlicher sind als blinder Glaube.

Zur Zeit wohne ich wieder in der Wohngemeinschaft in der Grabenstraße, es war ein schöner Sommer, der Gemüsegarten ist prächtig gediehen und viel Sonne schien mir ins Gesicht, wir machen viel

Musik hier, wir haben auch ein kleines Kind im Haus, und ich mag unsere »Insel« hier, müssen wir auch nächstes Jahr rausziehen (altes Wohngemeinschaftsproblem). Aber wir wollen eh wieder aufs Land, wer weiß, was kommt?
Zur Zeit spare ich mir durch unsere Malaktionen (Autos, Schulhöfe, Jugendhaus, Motorradhelme, Kalender, Plattfüße und Gesichter) das Geld für meine dritte Indienreise zusammen. Es wird langsam Herbst und mir graust gar jämmerlich vor Kälte. Ich freue mich wieder auf's Reisen in Indien und auf Poona, obwohl ich mir auch schon überlegt habe, mal wieder einen Winter mitzuerleben, aber in Fellbach bedeutet das ja Streusalz und sechs Monate Novemberregen, darauf kann ich verzichten und aale mich lieber in der indischen Sonne, das »Zugvogelprinzip« ist noch lange nicht die schlechteste Lebensform, außerdem mach ich mir eh keine Sorgen um die Zukunft, die kommt ja von allein, wichtig ist, was *jetzt* ist!

Nachgespräch

Herbst '82. Drei Jahre sind seit dem Gespräch mit Prem Joshua vergangen. Er war inzwischen nochmals für ein halbes Jahr in Indien und lebt jetzt in einem deutschen Sanjassin-Center. Er widmet seine ganze Kraft dem Auf- und Ausbau dieses Centers, gibt dort alles ab, was er durch Malen verdient. Das Center kommt für seinen Lebensunterhalt auf. (Katholische Orden entwickeln ganz ähnliche Finanzierungsmethoden.)
Ich habe ihn gebeten, zu den Punkten, die ich in der Einleitung zu seinem ersten Gespräch vor drei Jahren herausgegriffen habe, aus seiner heutigen Sicht Stellung zu nehmen. So läßt sich seine Entwicklung weiterverfolgen, auch wenn sie wieder ganz subjektiv geschildert wird.

Einstellung zu Bhagwan
»Ich weiß nicht, was mit Bhagwan ist und warum und wieso. Ich wage ihn einfach. Mit ihm zu sein, während des vergangenen Festes

in Oregon, das ist einfach der total irre Wahnsinn. Da passiert so viel für mich, ich spür einfach immer mehr Liebe.
Ich finde es furchtbar, wenn mir jemand beweisen will, das ist der Weg und den mußt du gehen. Jesus is the only one, und die Moslems brüllen groß rum, Allah ist der Größte. – Für mich ist es goldrichtig, mit Bhagwan zusammen zu sein. Was die anderen machen, ist mir völlig egal.
Die Entwicklung war für mich einfach: sei positiver! Wir sind so drauf gedrillt, immer alles negativ zu sehen. Wir haben Scheiße in uns, seit Generationen, aus Kriegen, was weiß ich. Du kannst jetzt einen Stock nehmen und drin rumrühren, dich mit der Scheiße beschäftigen, dann stinkt es wie die Sau oder du kannst die Scheiße einfach liegen lassen, von der Sonne austrocknen lassen. Ich war auch jahrelang mit meiner Scheiße beschäftigt, habe mich darauf konzentriert. Und worauf du dich konzentrierst, so bist du auch. Wenn du dich dauernd mit der Dunkelheit beschäftigst, kommt auch kein Licht.

Drogenvergangenheit
Ich hab' den ganzen Drogentrip durch. Für mich ist dies im nachhinein eine tolle Erfahrung. Ich bin aber zum Schluß gekommen: es muß nicht sein. Ich habe eine Zeitlang unheimlich viel mit Drogen gemacht. (Nicht mit Heroin.) Für eine gewisse Zeit kann das, wie ich es heute sehe, eine ganz tolle Sache sein, aber irgendwann wird das zum unerträglichen Zwang. – Für mich sind Drogen keine Versuchung mehr. Ich spüre keine Notwendigkeit, aufpassen zu müssen. Sie sind für mich völlig uninteressant. Ich denke manchmal gerne an die Zeit zurück, aber mehr mit so einem großväterlichen Lächeln.

Freundschaften
Bei uns im Center laufen die Dinge offen ab. Wenn du auf einem so tollen Platz mit vielen Leuten lebst, dann geht man auch einen Weg zusammen, dann ist das ein tolles Feld, um gemeinsam zu wachsen, mit dir selber ins Klare zu kommen. Klar laufen Eifersuchtssachen ab. Haß und alles. Aber es wird gelebt. Ausgelebt. Gott, ich war

schon höllisch eifersüchtig. Ich war zwei Jahre mit jemand zusammen. Wir waren auch zusammen in Poona, sind zusammen aufs Center, und dort hat es angefangen, auseinanderzugehen. Das war eine schwierige Zeit. Da war ich dermaßen eifersüchtig, wenn meine Freundin mit jemand anders zusammen war und sie war höllisch eifersüchtig, wenn ich mit jemand zusammen war. Jetzt hat sich das so entwickelt, daß wir uns toll verstehen. Es war für mich eine wichtige Entwicklung, durch die Zweierbeziehung hindurchzugehen. Einerseits ist so eine Zweierbeziehung ein ganz tolles Feuer, und es ist toll, jemand so zu kennen. Man kann sich nichts mehr vormachen. Andererseits kommt immer gleich dieses Klammern: ich laß dich nicht frei, ich brauch dich. Das, was vielleicht Liebe genannt wird, ist im Grunde genommen nur gegenseitiges Besitzen. Ich habe das Gefühl, daß wir uns jetzt davon befreit haben. Wir können uns jetzt viel freier begegnen. Das ist ganz arg toll. Ich merk auch, daß die Zweierbeziehung für mich zu eng war. Ich fühl mich viel freier. Die Zweierbeziehung hat mehr der großen Familie Platz gemacht, indem ich auch für andere offen bin.«
Von seinen Eltern sagt Prem Joshua: »Meine Eltern stehen heute klasse zu mir. Ich finde es toll, daß sie für mich die Voraussetzungen geschaffen haben, daß ich jetzt so leben kann.«

Kommentar

Bhagwan ist immer noch nicht mein Fall. Ich muß aber anerkennen, daß sein Wirken sich auf Prem Joshuas Lebenseinstellung positiv auswirkt. Warum sollte ich also in diesem Falle sein Wirken verdammen?